Claudio PIRILLO

TEMPUS TEMPLUM

Prefazione

E' con sincera umiltà che scriviamo questi scarni pensieri: il nostro contributo alla splendida opera dell'Amico Professor Dottor Salvatore Costa sulla pavimentazione del Castello di Cirò e le connessioni con gli studi di Aloysius Lilius. Lilius, calabrese di Cirò, fu, nel XVI secolo, l'autore di quella riforma del calendario, altrimenti detta gregoriana –correttiva della riforma di Giulio Cesare- vigente tutt'oggi nella quasi totalità del globo. Ciò ci conduce direttamente al Mistero del Tempo, alla matematica sublime dei philosophes ed ai loro studi sul *Nume-rus/Nomos-ruo,* ed in che misura esso partecipi della *mater-ia,* della *vera* essenza di questa, se luminosa, intelligente o crassa, ovvero se per *numerus* non debba invece intendersi un adelio ben nascosto *anagrammatica-mente.* Capirà chi deve, poiché se è vero che scriviamo a beneficio di tutti, ed a tutti diciamo quel che può essere detto, la comprensione profonda ed applicativa rimane alla portata dei soli ai quali il Nume consente l'ingresso nello smeraldino palagio dei Reges... .

Dalla Pythi-agorica Terra, 2014 E.V.
MMDCCLXVII AVC DIEM CAL. JAN.

Claudio Pirillo

§ 1. Apriamo la Porta

Dice il Maestro: <<.... Si chiama astrale o campo astrale o zona astrale un campo occulto, ignorato, inaccessibile alla prima mentalità volgare di tutti gli uomini che si occupano della vita oggettiva -astron, a-stron, non luminoso, celato, nascosto, l'ombra e il suo regno. Astrale quindi è sinonimo di campo oscuro, da cui emergono le forme ideali delle cose o le idee. Nel campo oggettivo delle forme materiali del mondo sensibile, del conflitto fra luce e l'ombra appaiono ai nostri occhi le cose reali. Invece l'immagine delle cose si conserva in noi in un campo inesplorato che appena oggi comincia ad attirare l'attenzione degli psichisti. Questo campo che è in noi e fuori di noi, è la riserva da cui la nostra coscienza umana attinge la memoria di tutte le cose viste e conosciute con uno dei sensi fisici. E rappresenta la parte più misteriosa del nostro essere, la camera oscura, per dir così, della fotografia dei nostri prodotti di origine sensoria, tanto di questa vita che delle precedenti (G. Kremmerz, "La Scienza dei Magi", 2° vol, pag 117).>> Per il Kremmerz (pseudonimo del Dr Ciro Formisano, di Portici –Napoli-), <<La esistenza del campo astrale in noi e intorno a noi è provata da noi in ogni istante della vita quando parliamo, evocando contemporaneamente parole e idee e suoni, quando provvediamo ai nostri bisogni più umili, quando – ragionando- associamo idee complesse... . Come chiamarlo? I più moderni l'hanno chiamato incosciente, ma nel linguaggio ermetico e magico è il campo astrale o campo oscuro, fonte e riserva di tutta la nostra coscienza, ma della quale fonte e riserva non abbiamo certezza che solamente pei ricordi che vi attingiamo con le continue evocazioni, per mezzo del meccanismo della memoria>>. Analogicamente, dunque, se esistono i campi – come la fisica li definisce -nel macro Universo - potendosi l'uomo definire un microcosmo, l'astrale umano ha le stesse funzioni di quello universale e le funzioni dei campi macrouniversali sono le funzioni del piccolo cosmo umano, nel quale le stesse forze agiscono per legge di analogia, anche se – nell'uomo- si presentano come *pensieri, memorie, movimenti volontari ed involontari,* razionalità ed irrazionalità, senza dimenticare gli stessi fenomeni puramente elettrici, meccanici, gravitazionali dell'organismo umano, uguali in tutto a quelli planetari (a voler ben vedere): Lo Spirito, è il Sole dell'Uomo: attorno allo Spirito ruotano il Potere Intellettivo e l'Anima con le loro facoltà e potenzialità, e ruota anche l'intero corpo grave col movimento degli organi simili a satelliti e pianeti minori. Il Corpo Umano può sicuramente essere paragonato alla Cavea celeste in cui il Cuore batte il Tempo della Vita fenomenica e dei suoi cambiamenti e rinnovamenti, o al Tempio nel cui Sancta Sanctorum è custodita l'Arca dell'Alleanza dell'Altissimo con il suo popolo. La Schola Philosophica Ermetica Classica Italica, che si reputa depositaria della Scienza dello Spirito della sapienza faraonica, traslata nella Curia Patrizia Senatoria dell'Urbe Eterna, in corpus unico con i Misteri Numani e Numinosi della Saturnia Tellus, dice che noi uomini <<... siamo individualità concrete nella materia, funzionanti analogicamente all'universo. Poiché l'universo è analogico a noi, deve esserci in esso una forma di riserva colloidale invisibile e insensibile per noi, dove sono registrate tutte le idee concrete , le passioni e i fatti di uomini, nazioni e popoli. – Questa parte del mondo, facilmente impressionabile, è detta zona astrale. Quindi un astrale in noi e un astrale nell'universo...>>. (cfr

Kremmerz, op. cit.) In conseguenza di questa ipotesi, bisogna concepire l'astrale universo come composto di quella materia oscura di natura neutra, di cui abbiamo scritto nelle precedenti pagine, che deve avere la caratteristica di essere della sensibilità più alta, tale da costituire una sorta di mnemonica lastra fotografica che ritiene e conserva impressi tutti i moti dell'Universo, dalla nascita alla morte dei singoli asteroidi come degli ammassi stellari o delle galassie. Stante la reputata analogia già accennata, l'astrale umano <<è la zona interiore di riserva delle idee e delle sensazioni che fotografa ogni percezione, ogni pensiero, ogni sentimento. Essendoci una zona ed una forza astrale, vi dev'essere una materia astrale. Concepirla è avere la prova sensoria di questo movimento e di questa materia. >> (cfr Kremmerz, op. cit.). Spesso, troppo spesso, si è ritenuto-in questi lunghi secoli che separano le età antichissime dalle moderne e contemporanee, che la scienza non avesse e non abbia nulla da spartire con la spiritualità; del pari, si è ritenuto e si ritiene –ancora da più parti- che attribuire alla spiritualità la qualificazione di "scientifica" è un insanabile controsenso. Non è così per le civiltà che edificarono le Piramidi o i giardini pensili o il Colosseo o la grande Muraglia o il Tempio di Salomone: Civiltà che furono rette da un

Sacerdozio scientifico nella conoscenza delle leggi che regolano l'evoluzione perfettibile delle anime, ed in possesso di una Scienza, cioè di un Sapere certo, i cui segreti potevano essere appresi solo per divina intellezione ovvero tràditi oralmente da Maestro a Discepolo. Ancora oggi, i ricercatori contemporanei rimangono rispettosamente allibiti innanzi al patrimonio di conoscenze, in possesso di questi antichissimi nostri progenitori; ancora oggi, non tutto ha avuto spiegazione circa le tecniche usate per la costruzione delle colossali opere degli evi andati. La Fisica moderna e la contemporanea dividono i propri discepoli su quello che, davvero, si presenta come il dato investigativo più accattivante e terribile: La memoria della materia, che implica una serie di problematiche la cui eventuale soluzione- secondo i metodi e le regole oggi in uso- cambierebbe la storia dell'umanità di ieri e di oggi. Sulla memoria della materia, si assiste alle dispute più aperte ed a non dissimulate offese fra gli scienziati; del pari per quanto riguarda la stessa composizione e caratteristica della materia universale invisibile che, appunto, costituirebbe almeno l'80% dell'intera materia universale. Fred Hoyle, che per primo, fra i contemporanei sostenne la tesi di Universo Intelligente, fu deriso a tal punto da essere escluso dalla comunità cosiddetta scientifica, e si ritirò con i suoi assistenti nel proprio cottage in Gran Bretagna. Ma come sempre accade, sia pure sommessamente, più di qualche Fisico ed Astrofisico sta rivedendo le asserzioni di Hoyle circa l'Intelligenza dell'Universo, l'espansione o contrazione dell'Universo, la scoperta della Forza Unica da parte di Zichichi, l'importanza della "particella zero" di Rubbia. Solo l'ostinazione ideologica dello scientismo, influenzato dal materialismo dialettico marxista, nega qualunque possibilità di "intelligenza" nella materia e conseguentemente la possibilità di "Memoria". Proviamo – per un attimo- ad ipotizzare come un immenso colloide questa materia astrale universale, la cui ignota composizione ce la rende nera, invisibile. Proviamo ad ipotizzare che il movimento sia in continua azione, nell'ambito delle manifestazioni fenomeniche regolate da un centrum reggente, e che questa azione incessante restituisce e ricostituisce ogni volta una forma fino al punto di massima evoluzione e che questa forma perfetta riesca a sfuggire alla gravità creata dal moto, e sia attratta dal centro reggente; proviamo ancora ad ipotizzare che ogni pensiero dell'uomo, ogni gesto, ogni sensazione, ogni azione, abbia un riflesso e si stampi (come su una pellicola) su questa materia universale invisibile, che ce la restituisce ogni qualvolta un nostro pensiero analogo, una simile azione la richiami...da un fondo insondato della nostra più profonda riserva mnemonica, tale da essere a noi stessi in-cosciente! E che tutto ciò valga non solo per i singoli ma -più potentemente- per le famiglie, i gruppi, le tribù, le società, le nazioni, le razze, l'intera Umanità. L'immensità di una tale riserva universale dei pensieri e delle azioni umane è appena appena concepibile. Le caratteristiche di ogni individuo sono riposte nel suo in-cosciente, che in parte riflette le peculiarità della sua famiglia e del suo popolo. La filosofia hermetica e pitagorica fa corrispondere, all'invisibile materia astrale degli scienziati moderni, l'incosciente umano o incoscienza. Da questo In-cosciente, si affaccia la muta parola della intuizione geniale che risolve la affannosa ricerca di una soluzione ai problemi dell'umanità: la scoperta di un farmaco, di una legge fisica, un diverso modo di coltivare la terra, la creazione di un capolavoro dell'intelletto umano. La diversità delle caratteristiche mentali riposte nell'inconscio, conduce ad una diversa gradazione di perfettibilità e di potere di intelligere. La materia invisibile dell'universo è più o meno condensata o rarefatta a seconda...della sua altezza! Un concetto approssimato di quel che vogliamo intendere ce la indica la stessa ionizzazione della materia. Alcuni pianeti contengono, in un centimetro quadrato della loro superficie, una quantità di materia "libera", di energia, superiore di molto a quella di un pianeta che percorre un'orbita inferiore. Come dire: più in alto si va, più la materia e le sostanze sono rarefatte e, conseguentemente, le energie sono più pure e potenti. Nell'uomo è la stessa cosa: uno scienziato, un artista, che hanno dedicato la vita al progresso sociale dell'umanità, possiedono una Intelligenza che è diversamente graduata rispetto a quella di un facchino; e questa diversa Intelligenza non è il risultato di una diversa possibilità di istruzione, quanto piuttosto di un diverso valore intrinseco della interiorità di ciascuno. Se le azioni ed i pensieri dell'uomo si imprimono nella materia astrale, nera, dell'universo; se questo astrale ritiene questa immensa riserva di impressioni, essa contiene anche le grida di gioia dei felici eventi dell'uomo, e contiene anche gli spasimi delle sofferenze e le urla dei torturati e degli straziati di ogni epoca, nell'atmosfera più o meno a noi vicina e che noi respiriamo (atmo-sphera, circolo del respiro, circolo delle anime: atmen e atma, nelle lingue indoeuropee –per es., tedesco e sanscrito- significano respirare, o anima). Scrive Giuliano Kremmerz: <<…limitiamoci a constatare che si pensa in base a immagini sensorie, a sensazioni di ogni genere, collegate, seguite e messe a confronto e paragonate. Ora, se le impressioni variano in due apparecchi meccanici, le differenze sono più sensibili e più profonde da uomo a uomo per mezzo dell'udito, del tatto, della vista e dell'odorato>> (La Scienza dei Magi, 3°vol., pag 113); conseguentemente sono diverse le impressioni riportate dal cervello. La formulazione delle religioni classiche del paganesimo, tripartiva il pensiero:

1°- quello proprio dell'uomo derivante dalla sua sintesi storica, della sua educazione spirituale, dell'organismo, di idee riposte nel proprio incosciente e nella evocazione di queste idee;

2°- quello dovuto alla mutualità di concezioni, ai risultati conseguiti per i rapporti con la massa;

3°- quello elementare o divino, promanato dalla stessa naturale essenza che rende percepibile la volontà numinosa, ovvero la percezione di idee articolate in parole o idee complesse. In conseguenza di ciò, non è agevole definire esattamente che cosa sia il pensiero, con buona pace dei neurobiologi in genere e degli psicologi, perché bisognerebbe individuare il meccanismo organico –qualunque sia la sua "forma e consistenza"- mediante il quale l'uomo articola le idee corrispondenti, di seguito alle impressioni che riceve dal mondo esteriore e previa trasformazione elaborata dal proprio apparato inconscio. Anche per quanto riguarda la categorizzazione di cui sopra, non è comunque facile definire il pensiero, proprio perché qualunque analisi non riesce ad esaminare un complesso di idee relative che subiscono continui mutamenti sotto la spinta di passioni, interessi, necessità altrettanto mutevoli. Se, come abbiamo già ricordato, <<Nell'anima del mondo anche i pensieri più ascosi portano la loro efficace reazione sul plasma della vita visibile>> (Kremmerz, op.cit.,1° Vol, pp.239-240), <<Il pensiero non cessa di vivere come immagine morta o pensiero vivo; esso è il germe di tutte le forme che dà vita alla ricomposizione degli organismi o forme determinate. Per cui il pensiero è forza o anima sopravvivente alle forme corporee. >> (Kremmerz, op.cit. p.262, 3°v. -Il corsivo è nostro) E per il principio analogico, secondo cui la materia invisibile dell'Universo grande corrisponde all'inconscio o memoria storica dell'uomo, o io storico, quel che si conserva nella materia universa si conserva nell'astrale umano, potendo essere ripreso, come idea innata, da una successiva forma vitale organizzata che-inconsciamente- la utilizza come intuitio intellectualis (in-te-ligo, in-te-lego, in-te-lectus). Già Galileo si chiedeva a chi rivolgere la domanda (che sarà poi oggetto anche della filosofia di Heidegger) che tendeva alla risposta comprensiva della logica dell'Essere, proprio allo scopo di comprendere la Finalità del mondo e dell'uomo. Nelle conclusioni di un dibattito che, con la sua tesi generale, ha formato poi un suo "provocatorio" testo ("L'origine dell'Universo e l'origine della Religione"- ed.Oscar Saggi Mondadori, p.83-2004), Fred Hoyle scrive che <<Sapere se l'universo ha uno scopo o meno è la questione essenziale presente nella mente di tutti. John Wheeler vi ha accennato, menzionando il principio antropico e il grande mistero che il ruolo dell'osservatore rappresenta per la fisica quantistica. Riecheggiava Ruth Anshen quando si domandava se l'universo fosse un prodotto del pensiero. Personalmente penso che lo sia, ma non posso dimostrarlo con delle affermazioni precise. ...>> Il canto VI dell'Eneide, 264-267, riporta una arcana invocazione Vergiliana: <<Di, quibus imperium est animarum, umbraeque silentes et Chaos et Phlaegeton, loca nocte tacentia late,sit mihi fas audita loqui, sit numine vestro pandere res alta terra et caligine mersas.>> (Dei, che avete la signoria degli estinti, e ombre silenti e Caos e Flegetonte, taciti luoghi di una notte infinita, mi sia concesso dire quel che udii, mi si dia con il vostro assenso di rivelare misteri immersi nella profonda caligine della terra.) Ed il viaggio di Enea nell'Ade, principia fra descrizioni di boschi fittissimi, caverne e riti notturni: "Ibant obscuri sola nocte per umbram perque domos Ditis vacuas et inania regna: quale per incertam lunam sub luce maligna est iter in silvis..." (Andavano nel buio di una notte solitaria attraverso l'ombra a attraverso le vacue dimore di Dite e il reame che non ha sostanza, quale sotto una luce ingannevole d'indistinta luna è un viaggio nella foresta... -[Eneide, c.VI, 268-271]). Il viaggio di colui che scruta nelle cave del proprio interiore è una discesa agli inferi, avvolto in una notte al pellegrino ignota, fino a quando- come nel mito di Er – in Repubblica, X,di Platone, l'Eroe non narra dopo la sua resurrezione-prima che fosse accesa la pira-della visione della colonna di Luce. Varcate le soglie del Tempo, superate cioè il limite del Divenire, l'uomo giunge al cospetto dell'Immane Silenzio Loquente. Ora, <<Animalità e spirito, materia e santità, forze meccaniche e poteri animici, sono elementi dell'unità dell'esistente che è la Verità. >> (cfr Kremmerz cit., 2° v., p.391). Concependo l'Ente come ciò che è, quindi quale Essere o meglio: unità dell'esistente, l'ermetismo italico afferma che <<Spirito e materia formano una sola cosa: l'Essere, ciò che è che sarà, che è stato in eterno. E' l'anima dell'intelligenza suprema, della forza, è l'Ente. L'unità della natura considerata nella sua sintesi,

porta alla conseguenza di definirla l'Essere, senza la sciocca divisione di materia e spirito. Di entrambe queste parti convenzionali del creato, la sostanza è una: cioè il germe attivo e fecondo della materia e dello spirito insieme, espresso dai cabalisti con la lettera JOD, principio e fine di tutte le cose. E' l'androgino. E' l'esistente nella natura e nei poteri della specie. Tutto ciò che esiste, è UNO. Le forze cosmiche sono talmente compenetrative e sintetiche che la percezione dei più severi fisici conclude per l'unità delle forze in natura. Le loro differenze sarebbero delle modalità secondarie o maniere di azione sensibile di una unica emissione di energia o di attività>> (cfr Kremmerz cit., vv. 2 e 3). Generalmente, della "coscienza" non si parla e non si scrive che in termini puramente neurologici, psicologici o psicoanalitici. La dimensione della coscienza come "potere" dell'uomo denotante la "specificità" umana, assolutamente non riducibile a mero zoologismo, viene assai poco dibattuta. E', probabilmente, lo stesso impedimento che inibisce la intuizione del Semplice Unitario a far sì che le moderne accademie vadano alla ricerca di qualcosa di "più complesso"; quasi a considerare banale quel che invece è nella semplicità della Natura che ci avvolge, in cui viviamo e per la quale viviamo, avendo la possibilità di intuirne le Leggi, in pro della evoluzione perfettibile delle Anime, e non di pretese derivazioni "pithékeios", vel simiae similis. I contemporanei positivisti fanno del loro materialismo un vanto accademico; discutono di Natura e Coscienza, senza minimamente intravederne la Potenza spirituale che è insita proprio nell'Essere della Natura stessa, essendo essa stessa Natura una Divinità - quale volto visibile dell'Ineffabile, Incommensurabile "Dio" di Quattro lettere- che i cabalisti non pronunciavano ed il paganesimo romano e greco appellava solo con nomi che celavano il Vero alle plebi ignoranti dei Misteri. La scienza -cioè la conoscenza dei Veri, per la Sapienza hermetica- degli antichi sacerdozi delle università templarie, definisce la coscienza come <<...lo stato di presenza a noi stessi, la estrinsecazione delle nostre facoltà mentali, l'esplicazione della investigazione positiva per cui i nostri atti rappresentano, in pratica, ragionevolezza e logica. Questa forma di coscienza per cui noi esteriorizziamo noi stessi negli atti materiali, è mutevole perché profondamente attinge a delle sorgenti ispiratrici che sono come una macchia di inchiostro su un fondo di carta bianca.>> (Kremmerz, op.cit.). E' implicita la ricerca della fonte ispiratrice che, per sviluppo delle affermazioni del Kremmerz, può essere individuata nelle "idee" cheaccantonate nel fondo della coscienza, e dimenticate- si risvegliano nel momento in cui vi si fa ricorso. Questo fondo di coscienza è il subconscio o inconscio: riserva di idee ed energie, la cui profondità non è possibile sondare con gli strumenti ordinari, e che costituisce una seconda personalità per l'individuo. Il subconscio è come Ombra della Coscienza: questa ombra segue sempre la coscienza e quando la coscienza non è chiara, dice il Kremmerz che …<<l'entità storica che la anima nella mentalità si proietta su di un riflettore che ritrae tutte le manifestazioni col colore del soggetto: Es.: se l'entità storica è un luterano e il soggetto un cattolico questo rivestirà quello di cattolicesimo; ma se l'altro più forte, nei momenti di distrazione del cattolico si impone, l'altro crede a un'ossessione diabolica ecc. ..>>. Bisogna, dunque supporre, che più la coscienza è depurata da tutto ciò che la può limitare nella attenzione percettiva, più essa diventa strumento di volizione creatrice. Una coscienza pura è una coscienza libera, è una coscienza dionisiaca, realizzativa perché come immagina così concretizza. Tale potestà è fenomenica del "fondamento dionisiaco del Superuomo" (come noi stessi abbiamo scritto in un precedente lavoro, oggetto di un convegno presso il Liceo Classico "Pitagora" di Crotone.) Una tale coscienza percepisce il movimento delle forze iperuraniche, assoluto, fuori da tempo e spazio: essa è libera, dionisiacamente Pater Liber, come Nietzsche aveva intuito nel suo Zarathustra, Maestro dell'eterno ritorno che insegnava a tentare di andare oltre il divenire: Nietzsche al quale mancò la "Intuitio ultima" circa la effettiva possibilità di superare il Divenire, così come Heidegger si trovò nella stessa impossibilità di realizzare in se stesso il Logos della sintesi Potenza-Atto che, pure, il suo peregrinare per i sentieri nella selva gli aveva fatto balenare come esperibilità dell'Assoluto oltre il Relativo spaziotempo. Le persone semplici, che vivono costumi di vita parca, sono le meno colpite da affezioni di qualunque natura, e sono – comunemente note- anche come le persone più semplicemente e chiaramente coscienti. Questa semplicità e chiarezza di coscienza, le ha rese spesso protagoniste di intuizioni di eventi molto distanti da loro e nel tempo e nello spazio. Le cronache giornalistiche e la letteratura specialistica contengono non rari esempi di questi casi. Si può ipotizzare che una coscienza pura e precisa abbia, dunque, la possibilità di percezione a distanza (si rammenti quanto scritto da Jaynes), ovvero la possibilità di agire sulle stesse sofferenze del corpo? (Abbiamo visto che Eccles, attribuisce alla coscienza come "Io", il potere di dirigere il cervello ed il corpo). Naturalmente bisogna sempre stare bene attenti a che i prodotti fasulli dei propri desideri non generino credulità nello stesso soggetto protagonista. In realtà, solo un lungo processo di educazione purificatrice della propria coscienza (quindi dell'apparato neurico su cui la coscienza "si appoggia") può condurre a quella libertà potente e creatrice, oltre lo spaziotempo del divenire, secondo il riferimento dionisiaco dell'Uomo Superiore. Senza questa purificazione, che si avvale di precisa tecnica materiale finalizzata alla spiritualizzazione sic et simpliciter della corporeità umana, nulla è possibile se non il continuo affogare dell'uomo nel mondo "sublunare" delle forme in divenire generazionale. Per dirla sinteticamente, con le convenzionalità umana l'uomo non supera la sua umanità che è legata proprio al tempo ed allo spazio relativi dalla gravità che è forza necessitante, la quale gravità come tiene legati i pianeti alla loro rotta, involge le anime nei corpi in continuo divenire.

§ 2. Il Tempo e la sacralità del mito

Marie-Louise von Franz ("L'esperienza del Tempo-il dio arcano che presiede alla vita-" Ed.

della collana "Immagini del profondo", 1995), allieva di Jung, ha scritto che <<Il tempo è una delle grandi esperienze archetipiche dell'uomo... . Non fa quindi meraviglia che venisse originariamente considerato una divinità, o addirittura una forma della manifestazione della Divinità Suprema dalla quale esso fluisce come un fiume di vita. Solo nella fisica moderna il tempo è diventato un elemento di una struttura matematica della quale la nostra mente cosciente si serve per descrivere gli eventi fisici... i bambini non incominciano subito a vivere in sintonia con il tempo comunemente scandito dai nostri orologi. E' stato dimostrato che essi percepiscono il ritmo, la velocità e la frequenza molto prima di incominciare ad adottare la nostra comune nozione di tempo>> (cfr op.cit. pp.9-10). La radice indoeuropea "kru", indicante " fonte", "scorrimento", forma la parola greca "crónos", parola con la quale comunemente si indicava lo scorrere del tempo. L'idea di scorrere, legata al movimento delle acque, già nella radice stessa del termine, ha dato luogo alla formazione di un'altra parola, "oceano", che in sanscrito –altra importantissima lingua della cultura indoeuropea- significa "avvolgente". L'Orfismo compone –per Oceano- l'Inno 83 che è il primo degli inni dedicati alle divinità del cambiamento della forma e della coscienza ignota, cioè gli inni ad

Hestìa, al Sonno, al Sogno, alla Morte: <<Okeanòn kaléo, patér 'a'ftiton, ảièn eónta : Invoco Oceano, l'incorruttibile Padre che sempre esiste, origine degli dèi immortali e degli uomini mortali, che della terra circonda il circoscritto cerchio e da cui nascono tutti i fiumi ed ogni mare e i casti umori delle fonti terrestri. Ascolta, o beato e felice, massimo dono degli dèi, diletto confine della terra, inizio del polo, equoreo nume, vieni agli iniziati sempre benigno e caro.>>. I Greci identificarono il "fluire" indicato dall'originario "kru-ònos" con Krono, padre di Zeus e col dio Aiòn. Secondo Ferecide di Siro (secolo VI a.C.), fra i più antichi filosofi greci, proprio il Tempo (Krono) è la sostanza fondamentale della vita, dalla quale sarebbero derivati il fuoco, l'acqua e l'aria. Nell'opera "Pentémychos" ("Le cinque caverne"), parlando dei cinque elementi dell'Universo, fa uso di immagini mitologiche nel narrare dell'ordine del cosmo come la conseguenza di una lotta fra gli Dei; le forze sconfitte sono precipitate nel Tartaro, sede degli elementi fumosi e tenebrosi. La identificazione del Tempo come sostanza vitale, cioè sostanza fondamentale della vita ci viene data sotto un duplice significato, pur nella identificazione di AION con KRONOS. Entrambi i nomi contengono il tema centrale **on** che sappiamo derivare da **eimì**, essere, ovvero avente per se stesso significato di "divino" (come, per es., in babilonese); entrambi si richiamano all'idea di "scorrere", ed anche "dispensare", non solo come sostanza estensivamente e figuratamente rappresentata in forma acquosa, ma anche come Verbum (come nel caso del vangelo giovanneo). Ancora, bisogna estendere la significazione di Acqua-Verbo alla Luce, poiché tutti i poemi sacri dell'umanità, da quelli delle civiltà indoeuropee alle semite, alle asiatiche ed amerinde, sovente usano l'espressione di "fiume di Luce", "acque lucenti" (per, es., l'inno a Zeus, conservatoci integralmente da Eusebio, reca "scintillanti stelle fluttuano meravigliose" –il fluire è tipico delle acque e del tempo-; l'inno orfico ad Helios, definisce il dio come "padre del tempo", e dice <<...ed ora spegni e ora accendi i tuoi bei raggi fulgenti, tu ci mostri la via della giustizia, amico delle acque, re dell'universo...>>.) Nel Rig-Veda, la equivalenza acqua-luce è diffusa in tutto il poema). In greco, la radice **aio**, forma parole con significati riconducibili al tempo, alle acque, al parlare, alla varietà cromatica, che fisicamente si ha per la diversa lunghezza d'onda della luce: **aiolào, aioléo, variego; aiòllo, celeritor moveo; aiòlos, versicolor, aiòlos-lòfonon, varie sonans; aionào, aspergo, irrigo; tò aiònema, liquor aspersus.** In latino, **aio** vale: affermare (ais, ait). Nella Biblia vulgata, quella in uso nella forma latina antecedente i due Concili Vaticani, l'esprimersi di Dio è tradotto proprio con *ait*, cioè con la forma verbale che forma la radice del nome sacro del **tempo Aion**, quando fa apparire le forme vitali della terra (che sono le fenomeniche legate al divenire): <<...11 Et ait: Germinet terra herbam virentem, et facientem semen, et lignum pomiferum faciens fructum iuxta genus suum, cuius semen in semetipso sit super terram. Et factum est ita.>>. Il verbo usato da Dio, nella *creazione* del cielo e nella separazione delle acque superiori dalle inferiori è **dixit**, poiché trattandosi del non caduco, si è al di là della caducità del seme del tempo. **Aion** è l'affermazione della vita, il seme stesso delle forme fenomeniche, mutabili, in divenire; è la Legge stessa di questo divenire, ne è la sua intelligenza, poiché Aion sustanzia di Sé l'Essere che –esperito- diventa ambiente e strumento per ritornare all'Immutabile Causa Intelligente del Principium Virtutis, quale "nato due volte", "di duplice natura Signore", non più schiavo del Divenire e della catena delle nascite. Aion-Crono-Oceano, come Anima Mundi, dunque come principio vitale della vita delle forme. Richard Broxton Onians (1899-1986), professore di latino all'Università di Londra, curò per trenta anni la sua fondamentale opera *Le origini del pensiero europeo,* pubblicata nel 1951 e, successivamente ampliata, nel 1954. Egli è estremamente illuminante quando scrive che <<Al termine αἰών (da cui deriva "eone"), associato a ψυχή, è generalmente riconosciuto per Omero e in seguito il valore fondamentale di "periodo dell'esistenza", data la particolare affinità con ἀεί e con aevum: dal significato di "durata della vita" si fa quindi derivare quello di "vita".>> Onians esamina, di presso i passi sui quali Omero afferma la sua conclusione, e cita i passi omerici dell'Iliade in cui gli eroi cadono sotto i colpi di altri eroi, ed i caduti sono abbandonati dalla psyché e dall'aiòn, vis vitalis secondo la definizione di Ebeling, mentre il Pearson (cfr. "Verbal Scolarship and the Growth of some Abstract Terms), ne intendeva il significato come "vitalità", "materia animata", "il principio di continuità, ciò che segna la persistenza della forza vitale, ciò che permane". L'analoga funzione divina attribuita ad Aion, la ritroviamo -per come già ricordato -nelle potestà di Oceano. La natura di essere-di fatto-semenza di tutte le cose, fluido che nutre la vita, flumen vitalis, conferisce ad Aion-Oceano-Krono il nomen di Pater. Onians scrive che <<Stando ad Omero, la "generazione" (γένεσις) "di tutte le cose" (πάντεσσι) è il fiume 'Ὠκεανός' (Oceano), che circonda la terra ed è associato con la "madre Teti". Lo scoliasta annota τὸ γὰρ ὕδωρ

πάντων ἡ ζωή ("l'acqua, infatti, è la vita per tutte le cose"), che rinvia al concetto di αἰών, di cui si è detto. Con γένεσις si suggerisce il processo o, in questo contesto, la sostanza piuttosto che l'agente della generazione. Appare tutt'altro che casuale che Omero lo usi due volte per il fiume cosmico e mai altrove in riferimento a dèi, uomini o animali, che sono agenti, "padri". Nel corpo si trovano...le fonti della generazione per le quali gli uomini provano riverenza e sulle quali giurano. ...si può meglio comprendere perché il "più grande e più terribile giuramento per gli dèi sacri" coinvolga l'acqua del fiume dell'oltretomba, l'acqua di Stige che appartiene ai morti.>> Anche per Onians, dunque, vale l'equivalenza del concetto di tempo con quello di sostanza vitale avvolgente, elemento fondamentale cioè, dei fenomeni vitali. Gli scudi degli Eroi della mitologia, di forma circolare, recano Oceano inciso sul bordo esterno (p.es., lo scudo di Eracle e di Achille). Il significato di avvolgente, della parola "oceano", appartiene anche alle lingue semite parlate in Fenicia o a Babilonia. Apsu, il serpente identificante l'Acqua fecondante, tutto tiene fra le sue spire unitamente a Tiamat, la controparte recipiendaria. Conseguentemente, la concezione dell'Orbis Terrarum dei Romani, derivata da analoga cultura sapienziale, non poteva che rimandare alla forma circolare pensata per la Terra. Proprio a Roma, il sacro racconto del Bosco di Nemi e della Saturnia Tellus, stabilisce nel mito numano il legame indissolubile fra l'acqua (della Fonte Egeria), Sat-Ur-Nu-S ed il Tempo. Lasciamo a chi ci ascolta o ci leggerà il piacere di invenire il significato del Nomen Sat-Ur-Nu-S, letto ed interpretato con l'alfabeto dei glifi sacri pertinenti al Sacerdozio philo-sophico delle antichissime università templarie. I misteri celebrati in onore del Dio della età dell'oro, ed i titoli con i quali è appellato, racchiudono il secretum della Vita e del Tempo, valicate le cui Porte ci si trova innanzi al trono del Nume Ineffabile. A Roma, la Dea Fortuna era legata alla concezione del Tempo; uno dei suoi attributi era la ruota. Anche l'India indoeuropea, raffigura la divinità della Fortuna allo stesso modo dei cugini indoeuropei di Roma. Perché gli eventi siano favorevoli occorre una precisissima successione di eventi, come pure quando sono sfavorevoli. La Fortuna arride ai suoi diletti, perché hanno la forza e l'audacia di saperla e-vocare ed in-vocare "al momento giusto". Fra gli Indo-Ari dell'India, Kala (sostantivo maschile), indica il tempo, il dinamismo interno, ed è appellativo di Shiva, equivalente di Diòniso. La sua forma femminile è Kalì (l'oscura, nera): è un aspetto della vergine Durga, l'inviolabile che è anche Shakti, la

Potenza del dio Shiva. E', spessissimo, raffigurata eretta sulla forma coricata di Shiva; rappresenta, altresì, il Principio eterno della Natura, raffigurata con quattro braccia. Lo kshatriya indo-aryo, secondo in dignità solo alla funzione magico-sacerdotale del Brahmano, fa della via shivaica il sentiero della sua perfezione spirituale che lo conduce direttamente a Brahma. I misteri di Shiva, come abbiamo già accennato, assolvono in India la medesima funzione di quelli dionisiaci e mithraici in Grecia ed a Roma: sono i Misteri di coloro che intendono -rapidamente seppur pericolosamente- solvere la loro natura e pervenire oltre il tempo, a quel punto di coincidentia oppositorum di cui scriveva Nicolò Cusano. Il tempo è strettamente connesso al ritmo, vel ritmi: questo rapporto ineludibile è alla base degli orologi, sia di quelli ad oscillazione meccanica- come i pendoli - sia dei Maser (Microwave Amplification by Stimulated Emissions of Radiations, amplificazione di microonde mediante emissione stimolata di radiazioni) come tecnica per gli orologi atomici. Secondo Frank Capra ("Il Tao della Fisica"), che nel suo lavoro svolge interessantissimi parallelismi fra la fisica ed il misticismo estremo-orientale, <<Ogni materia, partecipa ad una continua danza cosmica>>; ciò significa che tutte le particelle <<cantano la loro canzone, producendo schemi

ritmici di energia>>. Le stesse particelle non solo, continua Frank Capra, eseguono questa danza di energia, ma sono esse stesse danze di energia distruttrice e creatrice. Se il tempo, nella sua accezione profonda, è sostanza vitale delle forme fenomeniche, possiamo interrogarci sulla diversità modale della percezione stessa del tempo, che varia da individuo ad individuo. La realtà dei cosiddetti "bio-ritmi" è più che assodata. Gli "orologi biologici" che regolano una determinata forma vitale, sono riscontrabili da parte di qualunque osservatore: tutte le forme vitali obbediscono a precisi ritmi temporali, a fasi e cicli assolutamente precisi e determinabili. Di molte specie vegetali, per esempio, è stato osservato che aprono la loro corolla, in vista del sorgere del sole, anche qualche ora prima dell'evento. Fanno egual cosa se le si lascia al buio. Così come le specie animali cercano il cibo non perché svegliate dal sorgere del sole, ma perché attivate da una stimolazione interna. E' come se queste forme vitali possedessero una memoria del tempo e potessero "programmare il futuro" loro. Tale è la tesi che si evince dal lavoro di Buenning *(Die physiologische Uhr,* 1963). Del pari lo Schaltenbrand *(Stati Ciclici come Campi Biologici dello Spaziotempo)* formula un'ipotesi che si accorderebbe perfettamente –a nostro avvisoanche con le tesi di Eccles e Jaynes, e cioè un'organizzazione predefinita dei ritmi temporali all'interno del cerebro, che funziona all'unisono. Adolf Portmann (Il Tempo nella Vita degli Organismi) giunge a parlare di schemi comportamentali che si interfacciano proprio col tempo e scrive che <<ogni forma di vita ci appare come una Gestalt con uno specifico sviluppo nel tempo oltre che nello spazio>>. Per noi, tutte queste osservazioni, conducono proprio al problema della memoria del tempo. Se, come dice la sapienza classica, Aion è la stessa semenza della vita; se, come è nelle definizioni della moderna fisica, è sempre verificabile –attraverso la constatazione degli orologi biologici- la danza creatrice e distruttrice (cioè trasformativa) delle particelle, ovvero il costante e pre- determinato (pre-determinabile) agire delle forme vitali, sia nei micro- sia nei macro-sistemi, allora possiamo stabilire che un seme che si sviluppa, possiede nella sua memoria la sua causa, ed i dati, occorrenti al suo sviluppo. E tale sviluppo si verifica ogni qualvolta concorrono elementi di richiamo, meglio: di risveglio (elemento causativo di risveglio che un filosofo chiamerebbe vibrazione d'amore, ed un assertore della spiritualità della materia definirebbe crisi creativa), ripetendo una forma già in precedenza

30

esistente ed in atto ri-cordata. Questa memoria-seme (tempo delle forme vitali) sarebbe riposta in quella materia oscura universale (che abbiamo anche chiamato "astrale" o "inconscio"), vero serbatoio di idee ed azioni, cui attingono tutti gli organismi viventi, ognuno secondo il valore (peso specifico) della propria perfettibilità (evolvibile intelligente). Alla Vita, al Tempo, si addice ineluttabilmente la Necessità, la quale segue la Forma ad essa intimamente connessa. La radice verbale latina "necto" è all'origine di "necessitas"; il significato di "neco" è connettere, intrecciare, intessere. Necessitas può significare anche forza delle circostanze, fatalità, interesse, inevitabilità. La dottrina giuridica definisce la necessità come "impossibilità del contrario". Necessità, Fato, Giustizia, Nemesi, sono in potestà del Dio che-nascosto – abita il bosco nemorense a latendo, nelle latebre del Latium (Italum), nella Saturnia Tellus in cui il suo Sacerdozio, retto dal Pontefice NUMA (Legislatore primordiale, UNAM, AMUN, MANU), stabilisce il rito sapienziale - secondo i tempi - mediante il quale l'unione delle genti col Dio che è la sostanza stessa dei semi della vita, si svolge nell'adesione medesima al principio di bene, amore ed armonia, che è principio divino; nel quotidiano vissuto come sacro, ritmato sulla sacralità delle stagioni che stabiliscono la durata e le trasformazioni, l'individuo ed il popolo entrano nell'Eternità, sempre in contatto con le forze intelligenti (divine), che il teurgo richiama per la salute fisica ed animica degli uomini.

Nell'epoca presente, i preti di tutte le religioni, non possiedono più la capacità di intelligere la Legge Regolatrice dell'Universo, e quindi il Tempo come Sacro ed i tempi come fattori di Ordine e Sanità delle Anime, pur nel continuo trasformarsi della materia e delle forme: trasformazione necessaria perché le anime possano rinfrescarsi alle acque della memoria nascosta, e riprendere il loro cammino fino all'arrivo a quel famoso punto di quiete (che il pitagorismo nasconde in un calcolo di grande matematica applicato alla Tavola) e che simboleggia la Comunione con il Dio degli dèi, al cui fianco essa anima resa perfetta e luminosa, rende servizio e fungendo da messaggera e forza intelligente integrata e divina, essa stessa, in pro dei terrigeni che ancora devono percorrere...le sabbie del tempo terrestre. La Fisica trascende se stessa; ritrova il Principio divino in quella Intelligenza negletta e trascurata, ovvero trattata come coordinamento di fattori bio-chimico-neurici. La scienza positiva comprende il proprio errore e si fa interprete cosciente e comprensivo del Mistero

Magno di un apparente Nulla che, in realtà è TUTTO. Di questo Tutto, le forze dalla fisica delle accademie studiate, e le immagini artistiche o filosofiche, sono rappresentazioni. Di questo UNO il Tutto, Semplice Unitario o Prima Virtù, l'uomo –dotto o non dotto che sia- può vederne il volto, se vuole, attraverso le forme vitali, in basso come in alto, riconoscendone i prodigi nelle stelle che brillano nelle galassie più lontane, come nella morte del verme che striscia nel limo, poiché la Grandezza Incommensurabile dell'Ineffabile Nome di quattro lettere cabalistiche, si esprime nell'Essere Universale sustanziato di Tempo. L'immaginazione poetica dei nostri antenati, del sacerdozio misterico, concepiva questa Ineffabile Grandezza come androgine; i Romani, invocavano il Dio o la Dea come "sive mas, sive foemina". Gli Inni Orfici chiamano la Natura "panton mèn su patér, méter ..." (tu, di tutte le cose e padre e madre), mentre l'Inno a Pan dice : <<Pana kalò krateròn, nòmion, kòsmoio tò sùmpan, ouranòn edé thàlassan idé chtòna pambasìleian kaì pur athànaton: tade gàr méle estì tà Panòs...>> (Invoco il potente, selvaggio Pan, totalità del mondo, e cielo e mare e terra, universale regina, e fuoco immortale: ché son queste le membra di Pan. ...). Nemesi è chiamata <<regina onniveggente, che osservi la vita dei mortali dalle

molte stirpi, eterna, veneranda, che sola godi delle cose giuste, ...ché tu sempre ti prendi cura del pensiero di tutti, né a te sfugge l'anima che orgogliosamente parla con temerario ardire.>>; di Dike, vien detto che <<...fondandosi sul giusto, si vendica sugli ingiusti osservando secondo equità ciò ch'è dissimile dal vero...; nemica degli ingiusti, tu sei con i giusti benigni...>> . Marie-Louise von Franz (cfr op.cit.) riprendendo la schematizzazione del tempo delle civiltà antichissime, dice che potremmo raffigurare il tempo come una ruota che gira. Il tempo comunemente percepito sarebbe quello intuito dal nostro Io. Il giro o anello successivo sarebbe quello degli esseri eonici, caratterizzato questo tempo da maggior lentezza e durata mano che appunto ci si avvicina al centro. Il terzo giro, secondo quanto scritto da Mircea Eliade, rappresenterebbe una sorta di confine fra tempo e non tempo, "illud tempus" o "momento extratemporale della creazione". L'illud tempus lambisce il Centro senza Tempo, l'eterno assoluto o Primum Movens, che sta al di fuori del Tempo, perché non soggetto al Divenire. Come il centro di una ruota è vuoto, assicurando la struttura della ruota, così questo vuoto –equivalente di uno spazio mentale assoluto (secondo una nostra precedente espressione) è, in realtà, il centrum dell'Intelligenza immutabile che tutto governa e finalizza, preesistente alle sue stesse manifestazioni secondo il detto del Tao sui ritmi dello Yang e dello Yin. La von Franz riporta questo passo:

C'era qualcosa delle forme senza forma
Che esisteva prima del Cielo e della Terra,
Privo di suoni, privo di sostanza,
Indipendente da tutto, immutabile,
Che tutto permeava, inesauribile.
....
Spingiti oltre in direzione del Vuoto,
Affèrrati abbastanza rapidamente alla Pace.
...
Questo ritorno alle radici è chiamato Pace,
Il Tao è eterno e colui che lo possiede,
Sebbene il suo corpo cessi di esistere,
Non viene distrutto.

L'illustre allieva di Jung è certa che anche il passo riportato dal domenicano Meister Eckhart (1260-1327), si rifà a quest'ordine di idee circa la possibilità di trascendere il tempo nel momento in cui ci si unisce a Dio. Meister Eckhart riporta il brano paolino " Nella pienezza del tempo Dio inviò il proprio Figlio…", e scrive che la pienezza è la fine del giorno nel cui momento tale fine si verifica. Per cui, <<E' certo che non esiste tempo quando questa nascita si verifica,... . Supponiamo che qualcuno avesse le conoscenze e il potere di assommare nel presente tutto il tempo e gli avvenimenti succedutisi in seimila anni, compreso tutto quello che succede fino alla fine, ciò sarebbe la pienezza del tempo. Ed è questo l'adesso dell'eternità, dove l'anima in Dio percepisce ogni cosa come nuova e intatta>> (dalla biografia di Meister Eckhart a cura di F. Pfeiffer, 1857, Londra 1956). Inteso come "rivolta contro Dio", il mito edenico va anche recepito come un dis - ordine nei confronti dell'ordine stabilito da Dio e quindi, anche come uno stravolgimento dell'ordine temporale delle cose, mutando l'Assoluto Eterno nel Relativo del Divenire soggetto a caducità. Se il racconto ebraico stabilisce che Adamo ed Eva peccarono sovvertendo il tempo stabilito da Dio, toccando ...<<poi al cristianesimo salvare e ristabilire le proporzioni cosmiche insistendo sul fatto che solo Dio poteva offrire se stesso in espiazione>> (Giorgio de Santillana, Herta von Dechend: "Il mulino di Amleto"-saggio sul mito e sulla struttura del tempo-, Adelphi, 2000), già il "Libro dei Morti" egizio, facendo parlare Osiride, recita: <<Salve o Thot! Che cos'è questo che è accaduto ai divini figli di Nut? Hanno combattuto,

hanno sostenuto la contesa, hanno fatto strage, hanno provocato guai: in verità, in tutto il loro operato i potenti hanno agito contro i deboli. O potenza di Thot, concedi che ciò che il Dio Atum ha decretato (sia compiuto)! E tu non vedi il male né ti lasci provocare all'ira quando essi portano alla confusione i loro anni e si accalcano e spingono per disturbare i loro mesi; perché in tutto ciò che ti hanno fatto hanno operato iniquità in segreto!>>.

Sembra, dunque, certo che la ribellione edenica abbia causato una sovversione ritmico-temporale ed una impossibilità di operare i sacri riti, che servono a tenere uniti l'individuo e i popoli a Dio, atteso che i riti sono connessi in modo assoluto al tempo esatto. Sarà per questo, cioè per la necessità di ristabilire i giusti tempi al fine di avere i periodi rituali certi, che i grandi legislatori delle passate età, tutti re-sacerdoti, hanno sempre avuto la preoccupazione delle riforme calendariche? Noi crediamo di sì. La riforma di un calendario doveva sempre servire a fissare i tempi del rito, senza il quale l'uomo non poteva sperare di attirare i favorevoli fati divini. E vogliamo far notare che in tutta l'antichità, ed in molti paesi del modo fino   ai giorni nostri, anche le seminagioni ed i raccolti erano preceduti da cerimonie sacre. Il Fato: dice il Kremmerz (op.cit.) che <<è divino perché rappresenta il risultato di ciò che anteriormente è stato preparato. In natura tutto è causa ed effetto; seminate e raccoglierete. Sarebbe strano che voi seminaste piselli e spuntassero fragole. Il fatale della pianta è di dare il suo frutto. Il fico che non dà frutto è maledetto, perché è causa senza effetto.... La volontà del fato è il dio vivo e parlante.>> Fato, da "for, faris": predire, parlare, dire, vaticinare. Figlio della Notte, il fato è la parola detta -e non cancellabile- nel buio: è la silente decretazione della Intelligenza numinosa che vivifica la materia astrale dell'Universo, dove tutte le azioni e i pensieri delle umanità precedenti la nostra, e della nostra medesima, sono conservati. Quando il tempo si compie, la parola si realizza, ed il volere del Dio si manifesta. Krono-Saturno-Fato: l'Acqua "filosofica" è connessa al dio, come dicemmo, già pel suo nome stesso; "kru" è alterazione gutturale di **sru** (secondo il Dizionario etimologico del Brozzi del 1909, sono entrambe fra le ventuno radici fondamentali delle lingue): scorrere, rumore, movimento. **Kru**: scorrere, **kruo-nò-s**, fonte, per estensione "ciò da cui ha origine". Scrive il Kremmerz op.cit.) che Cronos-tempo lega a sé i "tre elementi del possibile: l'oblìo degli atti compiuti, l'amore - che fissa nell'attimo che vola la parola che crea - il lampo tempestoso dell'incerto avvenire". Il radicale SU, insieme (idea di aderire, legare), alterandosi in SA contiene l'idea di pienezza; da questa radice deriva **(s)ào, sazio, Sa-ti-s, Sa-tur (Saturno)**. Pienezza dell'Uno che tutto in sé contiene: Intelligenza, Bene, Forza, Moto, Amore, Morte. Sempre il Kremmerz, ci definisce sinteticamente il Tempo come ciò che <<decorre fra la promessa e l'atto compiuto>>. Continuiamo la nostra escursione fra le etimologie di interesse tematico; notiamo, che la radice "mn" in egizio è scritta con un glifo che rappresenta la civetta al di sopra della lettera "n" (linea ondulata rappresentante l'acqua). "Mn" è radice di sostantivi come Mnemosyne e Minerva (uno dei simboli della quale era proprio la civetta). La civetta vede nel buio, vede e conosce quel che è nella notte e che agli altri è celato, nella "nox" che "nuoce" all'incauto che vi si avventura senza il favore della Dèa. Ed il Fato abbiamo visto essere figlio della Notte, della quale l'orfismo canta il potere di mandare sotterra la luce e riprendere a fuggire nell'Ade, ché la "terribile Necessità tutto governa". E' comun detto che il Tempo rechi con sé memoria (o dimenticanza: terribile sciagura da evitare con specifico rito, secondo Orfeo) e saggezza (l'aspetto "minervico"). Di Mnemosyne e Minerva (che per i Romani aveva soprattutto il valore di Medica, attese le sue virtù di buona consigliera e guaritrice –e di queste qualità i cristiani ne faranno la Madonna salutifera, costruendole una chiesa a Roma, proprio sul tempio di Minerva), non bisogna tralasciarne l'aspetto che - appunto- le lega al Tempo. Orfeo, nel suo inno, definisce la Luna "femmina e maschio", "madre del tempo che arreca i frutti"; anche di Athena (Minerva a Roma) si ha l'epiteto di "femmina e maschio, bellicosa e prudente", "mutevole di forme" (la mutevolezza è l'aspetto più evidente dl tempo relativo). Come è noto, gli antichi calendari, istituiti dal sacerdozio scientifico dei templi antichi per ristabilire la memoria dei riti e delle attività umane, soprattutto agricole, equiparate ai riti ed alle azioni sacrificali rituali, analogicamente, furono in primo luogo legati ai movimenti lunari (I calendari solari ebbero una diversa motivazione spirituale, poiché riguardavano direttamente l'Alto Magistero sacerdotale e regale). Se la "Luna" era alla base dei primi calendari sacri istituiti per il beneficio degli uomini, la Luna era anche una sorta di "memoria", in misura perpetua, per l'agire umano, e questa "misura o capacità di memoria", stabilendo quando fare o non fare (fas o nefas, lecito o non lecito, saggio o non saggio), ebbe da Omero ed Orfeo l'attributo di "Mene". Il nome deriva dalla radice "ma", con significati di "misurare, estendersi": vedico "ma", luna, e "masa", misura; latino "mensis", mese; tedesco "Mond", luna, "Monat", mese, (das) Mass, misura, grandezza; inglese "moon", luna, "month", mese (in tedesco ed in inglese la parola per "mese" ha la stessa radice "mon" per designare la Luna). Possiamo stabilire un tempo "lunare" per il piano del Divenire e delle trasformazioni; un tempo "solare" per il piano dell'Immutabile Intelligente Assoluto. Il calendario (calo, calare=kaleìn, convocare, annunciare) ha dunque una ragion d'essere originariamente religiosa. Il calendario fornisce l'esatta conoscenza dei tempi, schema fisso di quella necessaria periodicità che richiama alla memoria il dovere religioso da compiere, tempo dopo tempo, per mantenere integri i contatti con le forze dei cieli iperuranici che assicurano, all'individuo ed ai popoli ordine, equità, frutti e, exotericamente, una evoluzione spirituale *per partecipationem. Mantenere la memoria e la coscienza, oltre il cambiamento delle forme, è potestà di coloro che – in possesso dell'erculea clava – si son fatti Dèi, andando oltre il fenomenico vitale (Tempo)*: **<<Questa è la tomba di Mnemosyne. Dopo la morte ti troverai nel regno di Ade: a destra vi è una sorgente e vicino si erge un bianco cipresso. Qui vengono a immergersi le anime dei defunti. Stai lontano da questa sorgente. Più oltre, troverai la fresca onda che fluisce dal lago di Mnemosyne, e**

vicino ad essa i custodi. Quindi, venuto alle ombre di Ade letale, volgerai nella mente pensieri di Iniziato e così parlerai: "Sono figlio di Bareia e di Urano stellato, sono inaridito dalla sete, muoio. Orsù, porgetemi l'onda fresca che dal lago di Mnemosyne fluisce". Essi interverranno in tuo favore presso il sovrano dei defunti e ti porgeranno da bere le acque di Mnemosyne. Allora camminerai per la lunga via sacra su cui anche gli altri Iniziati e Ispirati procedono festosi.>> In tal modo le lamine auree dell'orfismo descrivono il passaggio iniziatico oltre il tempo, sì che da morti si possa essere eternamente vivi! L'esatta conoscenza e il buon ricordo, sono - nei fatti – superamento della "liquidità/acquosità" informe di una interiorità mutevole, soggetta a cangiamento mortale, che reca impressi –nella carne- i segni del suo dramma. Fato o Moira imperano sui viventi caduchi: "Moìrai", cioè "kataklòthes", filatrici, perché tessono all'uomo lo stame della vita (klotho=filo). Heidegger considerava la Morte insuperabile, e concludeva invitando ad accettarla passivamente per prepararvisi onde conoscere veramente l'Essere e l'Ente e, in ultima analisi, la potenza del Logos; Heidegger non capì che la passività mistica non conduce ad alcunché, se non ad una sterile attesa salvifica ad opera di

ALTRI. E vanificò tutto il meglio delle sue splendide intuizioni. Nietzsche non ebbe, materialmente, la comprensione dei riti misterici dell'antichità classica e pagana e, pur riscoprendola e perorandola, sino alle soglie del XX secolo, non riuscì a penetrare la validità pratica, realizzativa, di quegli stessi riti onde concretizzare il suo "Uebermensch". Le Moire sono figlie di Giove, Legge universa Regolatrice (e, dunque Giustizia –Dike e Nemesi ne sono figlie) di ciò che fu, che è, che in eterno sarà, e della Notte o di Themi, quella Themi che i versi aurei pitagorici dicono essere "Natura a sé identica ovunque. Il nome Themi anagramma quello di MAAT, dea egizia incarnante Verità e Giustizia. Clothos (**klòtho**, filo), Làchesis (**laghkàno**, tiro la sorte), Atropo (**à-trépo**, volgo) sono tre fasi o pesonalizzazioni delle cose soggette al tempo ed alle sue leggi: nascita, crescita, morte, "al tempo giusto". Ci permettiamo di fornire della parola MORS una personale interpretazione: **m** (ea) **origo** (origine, principio) da *orior* (sorgere, levarsi, nascere). Quasi che la distruzione della forma in atto sia la nascita, in potenza, alla vita nuova dello spirito ed alla preparazione di nuova forma. E non è questo morire e risorgere, nella perpetuità della natura naturata, l'aspetto più saliente del tempo, come sostanza generatrice di vita? Una fondamentale e decisiva differenza fra la concezione autenticamente classica e quella heideggeriana/nietzschiana del tempo, e dunque della morte come fase trasformativa - ricostruttrice delle forme, è che l'uomo antico aveva i mezzi per attivamente operare conoscendo la morte in corpo vivo e potendo vivere da morto. Così ci fan comprendere le opere degli autori classici in materia. Era la MORS TRIUMPHALIS che contraddistingueva l'Iniziato classico dal semplice "pius". Ed il "Triumpho", come è noto, era cerimonia dei misteri di Diòniso. Se, come intuito dallo stesso Heidegger, l'Essere diventa l'esperibile ontologico per il Dasein, la Morte-che il Tempo reca come sua virtù- è il primo evento finalizzato al superamento della materia ed alla sua sublimazione. Una metamorfosi della coscienza, un penetrare in altre porte di conoscenze, modalità incognite di percezione. Come si nasce? Si muore allo stato di vita intrauterina, abbandonando il sicuro alveo della Madre, nelle cui acque/tempo si vive ancora in soddisfatta dimenticanza (ordinariamente), poi si viene "alla luce", nascendo a novella ex-istenza, in cui le esperienze più varie –dalla recisione del cordone ombelicale, ultimo collegamento con "l'astrale materno", fino alla nuova discesa nel grembo più vasto della Magna Mater- avranno segnato o il momento della presa di coscienza e la possibilità di "rompere il cerchio della generazione", o un ulteriore appesantimento dell'anima la quale, avrà bisogno di nuove sofferenze per un suo altro e migliore risveglio.

§ 3.Oltre il Tempo, oltre la Morte (?)

Secondo le Religioni dei Misteri, **colui che conserva la memoria –durante le crisi del passaggio fra uno stadio trasformativo e l'altro nello stato di morte- è l'Iniziato** cui spetta il soggiorno nell'Isola dei Beati, nei Campi Elisi, nella mitica Avalon, nella magica Thule, in Aztlan, nell'Ajranem Vaejo, nel Paradiso: tutti nomi per un'unica realtà, lo stato di immortalità cosciente di chi è divenuto egli stesso un dio. Colui che è sfuggito alla catena delle incarnazioni, libero dalla paura e dall'istinto, che sono le radici del Mondo. L'oblìo, invece, accompagnerà colui che non ha percorso la via sacra e non ha conosciuto la luce dei Misteri. "Oblivisci", "oblitus" (tema "lath", nascondere; "èlathon", da cui Elisi, i luoghi nascosti ad un lato dei quali vi è il LETE, fiume dell'oblio e della dimenticanza, in cui si dissetano le anime destinate a nuovo corpo, che per necessità hanno la dimenticanza, in quanto non mature per "ri-cordare"); per gli Elisi occorre discendere agli Inferi, da vivi: e solo gli Eroi lo possono: siano essi Ulisse o Enea o…Gesù Cristo, il quale rimane sempre tale anche discendendo agli inferi! E' necessario assumere sembiante fisico, andando incontro al tempo, al cambiamento, alla morte?, cioè sottomettersi al Divenire? Sì, se si vuole volontariamente acquistare conoscenza e coscienza del proprio "Esserci e dell'Essere" (per usare due termini cari ad Heidegger). La "durata" di un tale processo cognitivo? Dipende dalla qualità…del metallo o dei metalli che ci costituiscono, dalle…strade e sentieri che si percorrono, dal…peso specifico della propria anima. Come è noto, nella sacra lingua dei Romani, il verbo "esistere" si rende con "esse", essere; per cui, già semanticamente *tutto ciò che esiste è l'Essere, e l'Essere per eccellenza è l'Ente, l'Unità Universo.* D'altra parte, "sìstere" significa anche "dare stabilità", per cui il verbo italiano "esistere" ed il sostantivo "esistenza" valgono per "ex-sistere", "stabilire da", che "è stabilito da"; per participio dà "statum": *esiste quel che fermamente è stabilito, l'Essere universo, appunto.* In un papiro del 300 a.C., il Signore del Tutto Atum, assume a simbolo il sacro scarabeo Kheper (Khepri è la persona del Sole che si leva quando l'oscurità si fa luce) che è prima uovo, poi larva, quindi crisalide e farfalla: quattro stati d'essere che sono quattro momenti evolutivi dell'anima dell'uomo. <<Così parlò il Signore del Tutto: "KHEPER-I KHEPER KHEPERU KHEPER-KUY M KHEPERU N KHEPRI KHEPER M SEP TEPY ">> (Quando Io divenni divenne il divenire, sono divenuto nella forma di Khepri esistente per la prima volta); e il testo continua:<< "quando io divenni, le trasformazioni divennero, tutte le metamorfosi (Kheperu) si verificarono dopo che ero divenuto">>. Hoelderlin si esprimerà nello stesso modo duemila anni dopo, e l'Ermetismo italico della Schola napoletana e romana, che attrasse Goethe, Novalis, Muenter, insegnava la legge del divenire ai filosofi, politici, e poeti dello stesso periodo, con le eccelse Menti di Bocchini, Filangieri, Lebano, Pagano, Russo, Sansevero, De' Attellis, ed aprendo una fittissima corrispondenza anche sull'altra sponda dell'Atlantico. L'immane forza trasformativa e continua del Tempo, rinnovellante la natura, veniva, dagli Egizi, raffigurata anche come il serpente Kam-at-f: colui che compie o ha compiuto il suo tempo. La radice "kma" del nome, può significare natura, creazione, forma. I Testi delle Piramidi, 1587/1652, recitano: <<LODE AD ATUM LODE A KHEPRI, COLUI CHE DIVENTA DA SE STESSO! TU CULMINI NEL TUO NOME DI "COLLINA", TU DIVENTI CON IL NOME DI SCARABEO

KHEPRI>>, <<ATUM-KHEPRI, TU CULMINI COME COLLINA, TU TI ALZI COME L'UCCELLO BENU DALLA PIETRA BEN-BEN NELLA DIMORA DELLA FENICE AD ELIOPOLI>>. Atum si erge dalle acque cosmiche in forma di collina: sue emanazioni sono Shu, principio dell'aria e dello spazio; Tefnet, dalla testa leonina: fuoco che tutto divora e trasforma e rinnova. Il serpente Kam-at-f, colui che si autocrea, che si forma e si compie da sé, ha un figlio, il serpente Ir-ta: il moto creatore, l'anima della terra. E' il serpe che si auto- genera. Le lettere alfabetiche ed i determinanti che esprimono i nomi dei due serpenti, sono impulso per ulteriori disamine ed intuizioni. Diremo soltanto che la Parola è uno degli elementi fondamentali, poiché è il Verbo di Dio che si fa carne, e crea l'armonia delle sfere celesti, e pone ordine nella materia: fuor da questa Armonia universale sta colui che si muove in senso contrario, affogando se stesso nelle tenebre dell'ignoranza e dell'errore. Tutto è Maat, è Themi: Armonia ed Equilibrio, consapevolezza del centro di equilibrio dinamico, tra l'oceano di ombra e di luce, nel mezzo delle opposte polarità; tra il buio della psiche addormentata e la luce della Intelligenza integrata, fra la incompresa e vituperata morte ed una vita che, per suo modo di essere, si pone come una super-vita trascendendo tutto ciò che appare semplice biologismo zoologico: tra un futuro anteriore al passato ed un presente che è porta dell'eternità quale sintesi del passato e previsione di quel che ha da venire. Presente, passato, futuro, perpetuità, sono Maat, cioè la Giustizia della Legge universa: ma la potestà e la natura di Maat non sono visibili per i volghi, i quali sono destinati all'Ade dove non è in potere della plebe vedere la Luce nell'Oscurità che la partorisce. **Ades, aìdes**, invisibile; **a-id**, privo di visibilità; **eìdon**, vidi: l'Eroe, Sacerdote e Filosofo amante del vero e della sapienza, entra nell'Ade munito del vegetabile ramoscello della mercuriale erba moly, e nell'interiorità della vitriolica terra in cui è penetrato per la via della Duat, la terra del tramonto, incontra il dio del Neter-xhert e, umile, si presenta: <<Sono venuto a te, IO sono Thoth, le mani per recare Maat,...Maat è in ogni luogo che ti appartiene... Ti levi con Maat, ti unisci a Maat, fai riposare Maat sul tuo capo perché possa prendere posto sulla tua fronte. Torni giovane alla vista di tua figlia Maat, vivi del profumo della sua rugiada... Il tuo occhio destro è Maat, il tuo occhio sinistro è Maat...la tua carne, le tue membra sono Maat...il respiro delle tue narici è Maat...esisti perché Maat esiste... e viceversa>>.Maat è la consapevolezza, è la giustizia ed è l'ordine stabilito dal rito che sacralizza il tempo che nutre la vita e la trasforma, secondo la legge di AM(U/E)N, che trae la sua Ineffabilità, la sua arcana essenza dall'essere celato, cioè nei Cieli altissimi, dall'essere arcano, cioè occultato nell'arca perché alla plebe arce la vista (am-u/e-n, in egizio antico significa, celare nascondere, invisibile, occulto). Il Nome del Dio i cristiani evocano senza saperlo in finis missae, cioè del rito che santifica il giorno, 365esima parte dell'anno, che...quotidianamente vede il sorgere della luce ed il buio che la ingoia e la nuova luce che riaccende le speranze, ed il cangiamento infinito dei semi e dei bruchi che si mutano in farfalle... . Colui il cui nome è nascosto, ed è impronunciabile, si cela in tutte le sue creature, ma l'uomo lo ripete...ad immagine e somiglianza sua! Una iscrizione del sarcofago di Petamon - in egizio: Cielo di Amun (cioè, arcano celato o cielo nascosto [*amn, nascosto, celato*] – che si trova al museo del Cairo, recita:

<<*Sono l'Uno che si trasforma in Due*
Sono il Due che si trasforma in Quattro
Sono il Quattro che si trasforma in Otto
E dopo di ciò sono l'Uno>>.

Cronos-Saturno: il vegliardo-bimbo, legato alle acque del nutrimento astrale e le processioni misteriche in cui i sacerdoti signiferi, jerofanti, mostravano nel cesto un bimbo ed un serpe, nel mentre il corteo dei mystes recava fiaccole accese. Il perpetuo rinnovellarsi delle forme è solo un apparente ed illusorio contrasto con l'Assoluto ove il tempo non esiste, poiché nell'Assoluto non vi è forma, non vi è finitezza, se non la potestà dell'Intelligenza suprema di assumere tutte le forme che desidera, poiché Lui/Lei/Esso che non ha nome è "solo" Colui che E':

<<Protéa kiklésko, pòntou kleìdas èkonta, protoghené, pàses, fùseos, arkàs os èfenen ùlen allasson ierèn ideai polumòrfois...>> (<<Invoco Proteo che possiede le chiavi del mare, primogenito, che della natura svelò tutti i principii e trasformò la sacra materia in molteplici forme, venerando di senno profondo, che conosce le cose presenti e quelle che sono passate e ancor quelle future: possedendole infatti tutte egli le trasmuta, né che lo eguagli c'è un altro degli immortali che hanno la loro dimora sul nevoso Olimpo e che nell'aria trasvolano il mare e la terra, poiché tutte le cose la prima natura depose in Proteo. Vieni, o padre, ai tuoi sacerdoti con sacre provvidenze recando alle loro opere lieta fine di nobile vita>>). Tale inno orfico a Proteo non poteva chiarire meglio quanto in esame. Naturalmente rimane da scoprire che cosa o chi, sia Pro-teo. Che lo scopo della vita sia di tornare alla sua Origine Causativa, ricongiungendosi al suo

mirabile divino Fattore, non v'è dubbio (allorché si sia raggiunta la comprensione, la coscienza di essa, la pratica…). Il sacerdozio antichissimo affermava le sue intuizioni scientifiche nella forma religiosa perché anche i volghi, cui la conoscenza era - momentaneamente- preclusa (per immaturità delle loro anime), potessero comunque percepirne la divina grandezza. << Tutto ciò che è stato creato tornerà nel Nun… Io solo persisto, sconosciuto ed invisibile a tutti>>: ecco quanto è scritto nei testi della tradizione sacerdotale dei templi egizi, il cui sacerdozio esprimeva il concetto di "eterno" con due vocaboli di cui il primo, "heh", indicava se stessa come luce fissa, tutto illuminante, senza alcuna alterità ed alterazione; l'altro termine, "djet", esprimeva la perpetuità delle forme in divenire. <<Anet' –hra-k / i-tha em xeperà xeperà em qemam Neteru>> (Omaggio a te/ che sei divenuto come Khepri, divenuto come il creatore degli Dei). La coincidenza Tempo/Forme-Creazione-Verbo (Logos), era nota vari secoli primi del vangelo di Giovanni. Nel papiro I di Leida, 350, le strofe 20 e 200 sono dedicate ad Horus dal doppio orizzonte. L'ineffabile Uno, è così immane che <<La sua immagine non può essere mai raffigurata, niente si può apprendere da lui, giacché egli è troppo misterioso per rivelare il suo segreto, troppo grande

e potente per essere avvicinato... si cadrebbe morti se si osasse pronunciare il suo nome segreto, consciamente o inconsciamente>>. La strofa 600 dello stesso papiro dedicata al dio reca: <<Sia, Conoscenza è il suo cuore, Hu, la Parola, le sue labbra, il suo "ka" è ogni cosa che esiste per virtù della sua lingua. La sua anima (ba) è Shu, l'aria, il suo cuore è Tfeni, il fuoco. Egli è l'ORO del doppio orizzonte che è nel cielo. Il suo occhio destro è il giorno, il sinistro la notte. Egli è la guida di ognuno in ogni direzione. Il suo corpo è Nun... egli dà vita a tutto ciò che è e fa vivere tutto ciò che esiste...>>. Eusebio e Stobeo ci hanno conservato l'Inno a Zeus, che nel Rinascimento fu tradotto e commentato sia da Marsilio Ficino che dallo Zorzi; tale inno ricalca perfettamente il testo del papiro:

<<*Zeus è primo, Zeus ultimo, signor della folgore,*

Zeus capo, Zeus mezzo, da Zeus ogni cosa deriva,

Zeus è maschio, Zeus è vergine immortale,

Zeus sostegno della terra e del cielo stellato,

Zeus respiro di tutti i viventi, Zeus impulso dell'indomabile fuoco,

Zeus radice del mare, Zeus sole e luna;

Zeus re, Zeus di tutte le cose primo genitore;

una è la potenza, uno il nume, il grande capo di tutti,

uno il corpo regale in cui tutte queste cose si aggirano,

il fuoco, l'acqua, la terra e l'etere, la notte e il giorno,

e Metis, primo genitore, ed Eros giocondissimo:

poiché tutte queste cose giacciono nel grande corpo di Zeus.

Suo capo e suo volto, bello a vedere,

è il cielo fulgente e d'attorno auree chiome

di scintillanti stelle fluttuano meravigliose;

d'ambo i lati egli ha due dorate corna di toro,

l'oriente e l'occaso, vie degli iddii celesti;

occhi sono il sole e, a lui opposta, la luna,

sua non fallace mente è il regale incorruttibile etere,

con cui tutto ode e comprende, né sorge mai

rumore o grido o accento o voce

che sfugga alle orecchie di Zeus, del possente Cronide.

Questo è il suo capo immortale e il suo pensiero,

cosiffatto è il suo corpo raggiante, incrollabile, immenso,

saldo, robusto, e potente.

Gli omeri e il petto e l'ampia spalla del dio

È l'aria vigorosa; ali gli crebbero

Con cui vola dovunque, ed è suo grembo sacro

la Terra, madre di tutti, e gli alti vertici dei monti;

zona mediana è il flutto del fragoroso pelago

e del mare; sono piante dei piedi le profonde radici del suolo

e il Tartaro cupo e gli estremi confini del mondo.

Ma dopo aver tutto nascosto, alla luce gioconda

Di nuovo si accinge a farlo uscire dal seno, mirabili cose operando.>>

Tempo, Ignoto: senza volto e generatore di tutte le paure umane, poiché l'uomo comune teme tutto ciò che non ha forma e non è schematizzabile. Quest'uomo dorme reputando d'esser sveglio, nel mentre –secondo quanto abbiamo osservato- si può ben essere coscienti ed intelligenti anche se " dormienti". <<Sai tu che cosa è il tempo? Non lo sanno neanche gli svizzeri che fabbricano gli orologi più economici... L'uomo lo trascorre come idiota tra la ambizione di prepotere sui suoi simili, la concupiscenza della femmina e la paura dell'imprevisto. Se si persuade della sua impotenza diventa filosofo ragionante o mistico. L'arcano della follìa lo mantiene sulla breccia impavido contro le disillusioni e le miserie della realtà. Lavora a distruggere se stesso ogni istante, senza tregua,

quieto che un enimma, esista ancora per lui... Lo spettro di una penitenza redentrice si affaccia alla sua mente, come un'oasi, oppure aspetta che gli altri lo facciano per lui.>> (cfr G.Kremmerz, op.cit.) Per Gustav Meyrink ("Das Haus des Alchimisten"), <<Es ist ein grober Fehler, anzunehmen, dass der Mensch seiner eigenen Seele sich bewusst waere. Im Gegenteil: nichts ist dem "normalen" Menschen so urfremd wie die eigene Seele. Sich seiner eigenen Seele bewusst zu sein, heisst: ein Halbgott sein –wenn nicht - noch mehr!>>, ed ancora: <<Was ich schreibe, liegt mehr als vierzig Jahre zurueck. Es handelt von einer Toten. Von einer 'Toten'- so nehme ich an. ... Für mich ist sie lebendig; fast sechzig Jahre alt wäre sie heute, eine alte Frau. Ist es da nicht besser, ich nehme an, sie ist gestorben? Für mich lebt sie: ein achtzehnjähriges schöne Mädchen, schlank, mit lachenden goldbraunen Augen. ...Immer wenn der Frühling kommt, wird ihr Bild in mir lebendig; Für junge Menschen bringt er Blütenduft, Blumen und Sehnsucht... mir bringt er ihr Bild. Sein schönstes Bild mir altem Mann. Erinnerung!... ist kein leerer Schall; sie ist so wirklich wie ich selbst! Es ist ein tröstlicher Gedanke für mich zu wissen: ich trage Felicitas' Bild in mir; in jede meiner Zellen ist es eingeprägt. Es ist ein Teil von mir. ... Nein es ist mehr! Wenn auch mein Leib

zerfällt, es bleibt jung. Ich glaube fest: wenn ich auch sterbe, es besteht! Erlicht die Sonne, wenn ich die Augen schließe?!... -Stündlich stirbt der Mensch- ist jeden Tag ein anderer: Er ist ein Toten; dennoch lebt er, weil er weiß... . Ich weiss, ich habe viele Tage geschlafen. Ich muss ein alter Mann geworden sein, fiel mir ein. Da sah ich: ich bin ein Jüngling geblieben; wie einst: ich habe das Welken des Leibes verschlafen,...Ich bin hineingegangen wie in eine offene Tür. ...Ich bin hineingegangen –nicht im Geiste, nein: so wie ich bin. Wer lebt,...kann alles. Nur die "Toten" sind gebunden; sie haben vergessen,...als sie noch lebendig waren. Ihr alle seid tot, nur wisst ihr's nicht. Auch du, Freund...>>(Meyrink, op.cit.: <<Io so, ho dormito molti giorni. Io devo essere diventato un vecchio, mi pare. Vedevo così: sono rimasto giovane; come una volta: ho dimenticato lo sfiorire del corpo. ...Sono penetrato come in una porta aperta. ...Sono penetrato – non in spirito, no: così come sono. Chi vive, può tutto. Solo i 'morti' sono vincolati; essi hanno dimenticato, ch'erano ancora viventi. Voi tutti siete morti, solo che non lo sapete. Anche tu, amico... >>.) Conclude, Meyrink, affermando: <<Hier ist das Zimmer der wirklichen Gegenwart, mein Sohn. Die Gegenwart ist fuer alle Wesen, die tot sind, weil sie nicht wissen, was das Leben ist, ein

verborgenes Geheimnis. Die Gegenwart ist für die Wesen der Erde unfassbar, denn sie leben nicht in der Wirklichkeit. Könnten sie die Gegenwart fühlen, so hätten sie auch den Eingang zur Ewigkeit, darinnen das wahre Leben steht.>>

§ 4. Il Tempo e Shakespeare

Il Riccardo II fu tragedia preferita da Coleridge, grande poeta inglese, che definiva la tragedia come capolavoro fra tutti i drammi storici. Coleridge definiva Shakespeare <<storico tanto chiaroveggente e profondo quanto Tacito>>. L'opera shakespeariana, è stata -da Ludwig Ferdinand Clauss- vista come caratterizzante la genialità solitaria e creatrice del tipo nordico: <<Die nordische Einsamkeit hat nichts zu tun mit dem Alleinsein...Der Einsame dagegen mag, von außen geschaut, umgeben sein von Vielen, deren jubelnder Zuruf vielleicht sein Ohr umrauscht. Aber all der Lärm der Gesellschaft dringt nicht mehr zu seinem Herzen, denn er hat- nach innen zu- den Ort gefunden, dahin ihm keiner zu folgen vermag... Wohl kann die Einsamkeit auch zum Verhängnis werden. Alle germanische Tragödie, von Richard III und Julius Cäsar und Macbeth und Hamlet bis Rosmersholm, gestaltet das Verhängnis der Einsamkeit. Was weiß

der fröhliche Orazio von Hamlets einsamer Not? Dort aber, wo eine nordische Seele zu ihrer vollen Größe ausreift, wird alles Verhängnis an ihr seinen Sinn verlieren. Alles Verhängnis vermag dann nur, sie zu erhöhen, und sie weiß dann: nur, wenn sie vollendet einsam ist, kann sie dem Bild ihres Gott gleichen>> 1

Le affermazioni del Clauss assurgono a valore assoluto se spogliate del loro carattere supernazionalistico, essendo la condizione di solitario indispensabile alla creazione per il genio di tutti i popoli, oltre che elemento di perfettibilità interiore individuale. Tale indispensabile (ineluttabile?) solitudine è affermazione della volontà propria, creatrice per distruzione di forme e convenzioni (e conventicole). Scrive la Yates che <<Nell'ultimo decennio del Cinquecento, quando Spencer pubblicò il poema magico sopra una regina delle fate e gli inni neoplatonici in suo onore, la reazione sul continente era in pieno corso: il "neoplatonismo" di queste opere bollò il filosofo e il poeta epico elisabettiani, Dee e Spencer, come seguaci della filosofia occulta che la reazione cattolica, con l'aiuto potente dei gesuiti, stava sforzandosi di mettere al bando. Il neoplatonismo di Spencer appartiene al filone ermetico-cabbalistico ed esprime in forma poetica...la concezione di Dee e

il suo occultismo patriottico...>> E dunque, prosegue la Yates, <<All'interno di questa cornice della filosofia occulta nell'età elisabettiana e delle polemiche che suscitò, si creano nuovi approccia a Shakespeare: si ritiene che Il Mercante di Venezia alluda alla questione contemporanea della conversione degli ebrei prodotta dalla Kabbalah cristiana e che riecheggi l'opera sull'armonia universale scritta dal frate cabbalista di Venezia, Francesco Giorgi; così la melanconia di Amleto è la melanconia ispirata accompagnata da visioni profetiche. L'interesse di Shakespeare per l'occulto... è interpretato nel senso di una derivazione... da profonde radici di affinità con la filosofia occulta di tipo dotto e con le sue implicazioni religiose>>.[2]

Sia in Re Lear che ne La Tempesta, Shakespeare adombra -a dire della Yates- nel primo, la fase della vita di John Dee caratterizzata da povertà, disgrazie, non compensata per i servigi da lui resi alla Corona, mentre nella seconda, scritta dopo la morte del filosofo, questi viene raffigurato come un mago buono, in tempi in cui accusare qualcuno di professare le arti magiche era il modo più certo per spedirlo sul rogo. Abbiamo motivo di ritenere (come da premessa), dunque -e già fin qui- che chiunque abbia usato il nome William

Shakespeare altri non fosse che il circolo iniziatico inglese di diretta derivazione philosophica - hermetica dalle Schole misteriche italiche, segnatamente dell'Accademia Fiorentina e della Romana di Giulio Pomponio Leto, i cui esponenti celarono nelle poesie, nei testi, nei dipinti e nei lavori teatrali il più remoto Sapere. Se il *Riccardo II* pone l'interrogativo sull'origine della coscienza e sul potere creatore del pensiero immaginifico, l'Amleto ri-vela e non de-vela addirittura il mistero del Tempo. Come è noto gli antichi orologi, clessidre, meridiane o gnomoni, sfruttavano tre elementi che il simbolismo alchimico - magico fa propri: terra (sabbia), acqua, fuoco (la luce solare); lo gnomone si basa sul numero triangolare, la clessidra poteva funzionare con sabbia o acqua, le quali sostanze stanno tutte nel mito amletico.

Inoltre, il mito amletico, rimanda ad un periodo pre-glaciale in cui l'habitat settentrionale presentava quasi un'eterna primavera ed in estate si potevano fare ben due raccolti (su ciò basti confrontare le cartine del cielo settentrionale di circa diecimila anni or sono, ricostruite con modelli matematici). La glaciazione, come è noto, costrinse i popoli indoeuropei a migrare verso tutte le direzioni europee ed asiatiche spingendosi fino al Turkestan cinese. A causa delle mutate condizioni delle antiche sedi subpolari, i riti si ripeterono nelle nuove regioni secondo le nuove stagioni, serbandone integro il valore palingenetico interiore. Presso tutte le culture indoeuropee come pure in quelle di derivazione egizia e caldeo-babilonese od estremo-orientale, non è difficile pel sagace ricercatore invenire concordanze ed equivalenze di racconti, simboli, riti. Spesso, anzi, il completamento di un tema lo si trova in ambiti affatto insospettabili, attese le distanze geo - temporali. Ma si sa, le vie dello Spirito sono tracciate su rotte ignote alla finitudine umana; Emerson fa dire al dio nel suo "Brahma": <<Sbaglia i suoi calcoli chi mi esclude;/ quando da me s'invola, io son le ali/ il dubbioso io sono e il dubbio,/ e sono l'inno che il brahmano canta>>. Giorgio De Santillana ed Herta von Dechend non hanno alcun tentennamento nell'attribuire alla saga amletica un valore mitico-rituale connesso, attraverso un simbolismo marinaro-agrario (in cui mare e mulino vengono assimilati), con la misteriosofia del tempo.3

Attraverso una estesissima e profondissima comparazione di opere e testi del mondo della Tradizione risalente alle età più remote, dimostrano quanto sia inscindibile, inoppugnabile il legame fra il richiamato mito di Amleto e l'iperfisica del tempo, di un tempo quale tempo giusto, tempo ordinato, a cui si richiama la stessa parola indoeuropea **rta** (ritus).

Già il poema islandese e l'Edda di Snorri , come le successive rielaborazioni di Saxo Grammaticus, accostano l'elemento acqua (mare, oceano, le Nove Fanciulle, i marosi) all'elemento fuoco (i cieli solari e polari), ed ancora la sabbia delle spiagge ed il moto ondoso al mulino ed alla farina, si che indifferentemente si parla di sabbia o farina o di macina, chiaramente riferendosi al tempo che tutto dissolve o ricrea: la trebbiatura, la descrizione dei cieli del Nord di un tempo lontanissimo, ci mostrano, nella descrizione di una incredibile mole di dati e riferimenti (dall'Islanda all'India, alla Cina; dalla Scandinavia ai miti italico-romani fino all'Egitto), che Amleto vuole farci intendere l' Arcano del Tempo. Traducendo l'Edda di Snorri, Simrock scrive che il nome Amelmehl significa amido, fecola, grano: <<wo selbst der Name mit Amelmehl [gr.ἄμυλον], Stärkmehl, Kraftmehl übereinstimmt>>4.

In tutti i poemi antico-nordici intorno ad Amleto, il mare è chiamato mulino di Amloði, e la sabbia equivale alla farina: il tempo e la sua sabbia, calcata dall' orme continue di interi cicli generazionali (kuklos tes gheneseos) di umanità andate, solcanti le ignote acque di quell'Oceano che gli Inni Orfici chiamano anche Padre del Tempo. Se in greco il sostantivo Kronos, viene dalla radice indoeuropea Kru (o-nos), indicante lo scorrere delle acque (da cui il successivo verbo gr. *ruo*, scorrere), il lat. Sat-ur-nus ha a che vedere con i Misteri adombrati nel simbolo della falciatura del grano, come pure col cielo del Nord delle regioni iperboree, o Septem - triones (riferimento alle sette stelle dell'Orsa), che per le civiltà tradizionali era il Cielo degli immortali, del tempio divino senza tempo, dell'Assoluto degli eroi indiati e degli Dei. Cicerone, per far intendere il segreto, scrive: <<...quas nostri Septem soliti vocitare Triones>>5 (è appena il caso di ricordare che *Tri* deriva dal verbo *terere*, triturare, macinare, trebbiare). Amloði ci narra, dunque, dell'anima dell'eroe che attraverso la vastità fenomenica del Padre Oceano tutto avvolgente (il Tempo rende possibili le forme vitali), ne supera la corrente, cioè non viene triturato come grano ridotto in farina -pur conoscendo la morte- ed alla fine siede, grazie al sacrificio di sé stesso- nel Cielo settentrionale dove vi sono le sette stelle di cui la Polare è accepita -dall'antichità- come Sede degli immortali. Si sfugge, per via della morte rituale cui Amleto si sottopone, a quei danni che la macinatura della farina (cioè il tempo che tutto rende caduco in terra) provoca ai mortali: <<Sic orbis vertitur tamquam mola, et semper aliquid mali facit>>6.

Nella traduzione di una kenning di Snæbjörn, scaldo islandese vissuto molto tempo prima di Snorri Sturluson (1178-1241), ad opera del Gollancz, leggiamo: <<'Tis said, sang Snæbjörn, that far out, off yonder ness, the Nine Maids of the Island Mill stir ammain the host-cruel skerry -quern-they who in ages past ground Hamlet's meal. The good chieftain furrows the hull's lair with his ship's beaked prow. Here the sea is called Amlodhi's Mill>>.7 Quando Eduardo De Filippo -il più moderno fra i classici ed il più classico fra i moderni- genio assoluto della cultura poetica e teatrale del mondo (le sue opere dovrebbero essere classificate patrimonio dell'umanità dall'UNESCO), tradusse *La Tempesta* nello splendido napoletano del '600, rese mirabilmente il passo in cui il Bardo inglese dice che la vita è un sogno, che <<siamo circondati dal sogno>>. Ed ecco, dunque, che silenziosamente ma prepotentemente, dai testi del teatro elisabettiano in genere e da Shakespeare in particolare, balza all'attenzione l'eterno interrogativo sul Tempo.

Il Nietzsche di "Così parlò Zarathustra", scrive: << Bisogna avere un caos dentro di sé, per generare una stella danzante>>.

Ad oggi, il mulino di Amleto non ha ancora macinato sufficiente farina, forse qualcuno verrà, nuovamente attraversando il mare tempestoso agitato dalle Nove Fanciulle, Muse-Najadi-Oreadi del procelloso Tempo: Prospero attende sulla scena il nuovo araldo suo.

§ 5. Considerazioni brevissime sulla Tavola Pitagorica

Vogliamo far precedere la piccola nota che segue, da una dedica alla Madre dei popoli:

"**A ROMA QUADRATA,**
NEL CUI ETERNO NOME
SONO RACCHIUSI I MISTERI
DEL COSMO UNIVERSO E
LA SUA VITA PURISSIMA.
ALLA CONCEZIONE IMMACOLATA,
CHE SOTTOMETTE E DEBELLA
LE INIQUITA' VISIBILI ED
INVISIBILI
ED AI BUONI DONA GIUSTIZIA
E POTENZA.
AL PADRE IGNOTO, CHE-
-COME SOLE INEFFABILE-

TUTTO REGGE NELLA ETERNITA' SENZA INIZIO NE' FINE."

Considerando la Tavola Pitagorica quale rappresentazione grafica della legge della progressione evolutiva delle Anime e delle caratteristiche crescenti (attive) e decrescenti (passive) di esse, notiamo che è possibile ascrivere all'interno del Circolo della generazione (corrente astrale) i due termini dell'equilibrio dinamico delle forze, ovvero della bilancia michaelica (geometricamente l'esagramma ed il pentalfa) ottimamente rappresentati dal genio ermetico-italico di Leonardo da Vinci nel suo Uomo Vitruviano. All'interno si può procedere applicando la Regola dei Triangoli ovvero il calcolo del Determinante, sostituendo – se non si è usi alla corretta interpretazione *filosofica dei numeri* - i numeri medesimi con le lettere degli alfabeti sacri. Tralasciando di usare quello jerofantico degli Alti Misteri Egizi, useremo -a beneficio di coloro che approcciano appena la problematica- l'alfabeto latino ed il caldeo passato all'uso cabalistico per come in appropriazione sinedriale:

1 –A (א)   2 –B (ב)   3 –G (ג)   { si noti che accanto alle lettere Latine abbiamo trascritto il tema   della lettura caldea – [volgare: ebraica]

2 –D (ד)   4 –H (ה)   6 –V (ו)   {   "

3 –Z (ז)   6 –H (ח)   9 –T (ט)   {   "

SOMMA   POSITIVA   DEI   PRODOTTI
__DIAGONALE__ > א ה ט

_____Triangoli   positivi
ג ח ד e ז ו ב

Non daremo i significati ai singoli numeri (singole lettere alfabetiche): a ciò provvederà il ricercatore giudizioso, che non mancherà di invenirli.

__SOMMA__   NEGATIVA   DEI   PRODOTTI
__DIAGONALE__ < ג ה ז

_____Triangoli   negativi
ט ב ד e א ח ו

Il risultato grafico che otterremo sarà la sovrapposizione di due Esagrammi (o pentacoli salomonici ovvero stelle o scudi di David, come li chiama la plebe) per cui avremo i seguenti risultati:

36 + 36 ovvero, (אהט)+(ז ו ב)

+36 – 36, cioè   גבד – גחז=O (kaos, corrente astrale, vita, umido radicale)

-36 – 36 (אוה)-(טבד)

Ci troviamo innanzi alla Grande Tetrade, all'equilibrio cosmico. Dei due Pentacoli, uno è **positivo (I)** l'altro è **negativo (   )**. La Volontà agente, attiva **O**, in funzione ordinatrice, intelligente e fissa il kaos che acquista – con la rotazione magnetica intorno al suo Centrum o Intelligenza regolatrice- il nuovo volto quale Kosmou. E' un'azione di impassibile neutralità, in alto, che rende possibile la manifestazione delle forme nell'equilibrio dinamico delle forze che sono in gioco (la *Lîla cosmica*); il **Moto + la Forza = F1, F2, F3, F*n*... (manifestazione infinita delle forme in via di evoluzione). O** come corrente astrale vibrante di pulsioni vitali diventa ☼, cioè **O,** Intelligenza che quale Legge Regolatrice regge i mondi universi in perfetto equilibrio adattivo. Dunque, **O, penetrato e fissato, ordinato quale ⊙ (• è la Volontà attivatrice di O),** è tal quale il maschio Sole intorno al quale la Terra femmina attratta gira, con sé trascinando la Luna. Quel che si intende per Sole e Terra e Luna, siamo certi che il lettore sagace sappia. Quod est superius sicut quod est inferius, ma a ben intendere ed evitar questioni, raccomandiamo che è meglio mangiar di questo cibo **cum grano salis...** . L'equilibrio d'Amore genera le forme e la Bilancia pesa giusto. L'esperto lettore si domanderà che c'entri adesso la bilancia, e noi possiamo rispondere soltanto che il numero che di Saturno dà forma a falce, è pur anco quello che dal crogiolo dà vita al mercurio aurato, se il foco è dolce, ovvero bilanciato d'accesa legna, che sia d'acacia, di quercia o d'olivo ed alloro e di mirto profumato. Ed altro non scriviamo, ché molto già è dato e basta all'acuto lettor di queste strane note. Ed ecco che ci appare, coi numeri divini la cosa doppia che chiude in sé la duplice natura ed i tre mondi.

Quanto precede sarà più chiaro, se il lettore aggiungerà il valore numerico-filosofico all'enneade alfabetica che abbiamo usato per calcolare i triangoli: cioè il valore di ogni singola lettera. Questo gli darà modo di comprendere più da presso che la vita fenomenica in terra e nei rapporti di forza fra i princìpi, segue le stesse leggi della vita universale. Naturalmente NON tutti possono pervenire a risvegliare le forze universali in Sé, né tantomeno riuscire a risalire la corrente del Nilo sino alla confluenza col Sacro Tevere... . Ben si comprenderà che laddove parliamo di numeri e di lettere, intendiamo l'Arcano delle Forze cosmiche; ogni numero ed ogni lettera degli alfabeti sacri rappresentano la direzione d'efficacia delle linee di forza universali, IN NOI e FUOR di NOI. Coloro che hanno intuito serbano il secretum e non lo adombrano che con linguaggio chiarissimo...per chi ci vede nella notte. E dunque, non si faccia come quel figlio che, dotato dal Padre di gran ricchezza, la sperpera in crapule fino a che di passata ricchezza non rimane che il ricordo dello spreco e l'inutilità d'esso medesimo. Sia invece, di esempio, allo studioso, che la ricevuta dote sia ben investita nell'aumentare il valore suo, ché son gran parte quelli che non conoscono il valore del tesoro in loro possesso e lo dilapidano inutilmente. Si pensi soltanto che quel che le plebi sono aduse a chiamare DIO, non ha l'abitudine di giocare a dadi ma tutto ha ben disposto ed ordinato ed il numero aureo della sua misura ha dato alla conoscenza umana. Colui che dice di essere padrone del proprio tempo, o è un Dio fra gli Dei o è un folle <<inviso a Dio e a li nimici sui>>... . L'umanità usa il calendario, come più su abbiamo inteso, soltanto per agenda delle sue attività lavorative e per i suoi piaceri. Nulla intuisce del Gran Trasformatore, e donde Egli sieda, se in noi o fuor di noi o non stia pure ovunque. Si dice che l'Uomo sia come il Cielo, ma noi – modesti alunni di ciò che i volghi contumeliano- scriviamo qui, ben chiaro, che è il Cielo ad esser come l'Uomo e che se l'Alto Ciel cercare si voglia, ben conviene che dentro l'Uomo a scavar s'inizi. Ed or che molto (e troppo) abbiamo scritto, amici lettori, vi appelliamo Fratelli, pel solo vostro onesto desiderio di Luce e sia a voi propizia la Sacra Questua.

Noi non possiamo che chiedere a Mnemosyne, che –consorte a Zeus e genitrice delle Muse- **<<sorregge l'intelletto dei viventi alle anime congiunto>>-** *di consentirci di andare oltre il tempo ed il divenire, donandoci il perenne ricordo del mistico rito, allontanando da noi l'oblìo: così in vita, così in morte.*

Note Al paragrafo nr.4

1.Ludwig Ferdinand Clauss, *Die Nordische Seele*, München & Berlin 1940, s.46-47:<<La solitudine nordica non ha nulla a che fare con l'essere solo. Chi è solo, non ha bisogno di solitudine... .Il solitario, invece, visto dal di fuori, può essere circondato da molti, il cui grido di giubilo gli assorda forse le orecchie. Ma tutto lo strepito della società non penetra fino nel suo cuore, poiché egli ha trovato nel proprio intimo il luogo in cui nessuno può seguirlo. La solitudine può anche riuscire fatale. Tutta la tragedia germanica, da Riccardo III, Giulio Cesare, Macbeth e Amleto fino a Rosmersholm, raffigura la fatalità della solitudine. Che cosa sa l'allegro Orazio dell'angoscia di solitudine di Amleto? Però, laddove un'anima nordica matura sino alla sua perfezione, ogni fatalità perderà per essa il suo significato. Ogni fatalità può solo aumentare, ed essa lo sa: se essa è perfettamente solitaria, può somigliare all'immagine del suo Dio. >>

2.F.A. Yates, *Cabala e Occultismo nell'età elisabettiana*, Giulio Einaudi Editore, Torino 1982, pp.97-98

3.v. Giorgio de Santillana, Herta von Dechend, *Il Mulino di Amleto-saggio sul mito e sulla struttura del tempo,* Adelphi Edizioni Spa, Milano 1983

4.Simrock, trad.cit., 1869, pp. 240 e sg.: << giacché persino il nome coincide con Amelmehl, amido, fecola.>>

5.Cicerone, *De Natura deorum,*2,41,105

6.Petronio, *Satyricon,*39: <<così l'orbe del cielo ruota come una macina e fa sempre qualcosa di male>>

7.Gollancz, 1898, p.XI :<< Si dice, cantò Snæbjorn, che al largo, oltre quel capo laggiù, le Nove Fanciulle del Mulino dell'Isola rimestano con veemenza la macina di scogli crudele alle schiere - loro che nelle passate età macinarono la farina di Amleto. Il buon condottiero ara la tana dello scafo con la prua a becco della sua nave. Qui il mare viene chiamato Mulino di Amloði.>>

Salvatore Costa

"isti mirant stella"

Individuazione geografica
La pavimentazione è ubicata in Calabria,
Provincia di Crotone , più Precisamente nel comune
di Cirò.

Il luogo interesse di studio è ubicato sulla punta estrema del Golfo di Taranto e di Crotone, ne è lo spartiacque.

Nella presente carta è possibile individuare
l'ubicazione nella parte nord della provincia

Pianta del castello al piano della pavimentazione

Individuazione del piano della pavimentazione e cisterna

Osservando il disegno della pavimentazione del castello di Cirò, si nota che è presente un luogo centrale (gnomone) il quale da origine al tutto. L'Uomo-Gnomone si pone al centro o nella parte centrale del lastricato. Ha la possibilità di individuare due direttrici portanti che si estendono da Nord a Sud e da Est a Ovest e dallo Zenit al Nadir. Da Nord a Sud possiamo percorrere le freccette convergenti (moto cristallizzato nel libro di pietra). Da Est a Ovest intercettiamo dei Simboli: Quattro Ottaedri e ad altri due simbolo di forma circolare (fasi solstiziali ed equinoziali).

Scomposizione del braccio solstiziale

Nel secondo elaborato è possibile individuare la tripartizione che caratterizza la composizione della pavimentazione.

Tre sono le parti e nove sono i lati dell'elemento geometrico che stà nella sfera centrale e che si raddoppia e rafforza nella stessa essenza.

Con detta analisi individuiamo il principio del ternario e il suo quadrato. Per rendere concreta la conoscenza numerologica cristallizzata nel tracciato, possiamo evincere: una figura a diciotto lati che da origine al tutto, due composizioni a nove lati racchiuse in un cerchio. Ancora dei braccetti apparentemente incomprensibili che danno il campo di misura della parte centrale. Si può subito notare che il campo ad Ovest presenta un limite non lineare probabilmente dovuto ad una sovra - costruzione, delle ortogonalità tra i filari di mattoni ed i tre simboli nella croce. Nel campo sono presenti 19 archetti disposti in modo particolare nei filari. La parte centrale è densa di elementi simbolici.

La croce Nord –Sud presenta delle freccette convergenti che rappresentano l'eterno divenire, l'Oroborus o la forma dell'infinito. I filari di mattoni che tracciano il comparto non presentano ortogonalità. Nella parte centrale individuiamo, dall'esterno verso l'interno un grande cerchio che coincide con l'estensione del campo o spazio tripartito, dei braccetti con dei numeri nella parte Nord-Ovest. Nella parte centrale sono contenute due forme ennagonali che per la conformazione che hanno porterebbe ai petali di un fiore e probabilmente a una rosa.

Nel terzo campo individuiamo gli altri tre simboli nella croce, si ritorna a una realizzazione ortogonale dei filari di mattoni, ancora individuiamo delle forme romboidali che sono simili a quelle presenti in piazza maggiore a Bologna. Sono individuabili cinque forme circolari e quattro si susseguono con i rombi.

Tav. n° 03

Nella tavola tre analizziamo la parte esposta a Est (alla vera luce). Possiamo concretare le quattro fasi alchemiche o i quattro passaggi astronomici (i due solstizi e i due equinozi).

Tav. n° 04

Nella zona Ovest s' individuano diciannove archetti, per la parte visibile della pavimentazione e gli stessi ci portano ai nodi lunari o fasi lunari. "N° 19 è l'Arcano dell'"Alleanza". Rappresenta il 'Fuoco Creatore', la Pietra Filosofale. Per realizzare il lavoro della Grande Opera dobbiamo lavorare con la Pietra Filosofale. N° 18 è Luce e Ombra, Magia Bianca e Magia Nera; ciò è rappresentato dal Cane

Nero e dal Cane Bianco, dalla Piramide Nera e dalla Piramide Bianca. Sommando cabalisticamente l'Arcano 18 troviamo che 1 + 8 = 9, la Nona Sfera, il Sesso. Avevamo già detto che dentro al nostro organismo planetario ci sono 9 strati interiori; questi sono le 9 Volte della Massoneria Occulta; la Nona corrisponde al nucleo dell'organismo planetario, lì sta il sepolcro di Hiram Abiff o Chiram Osiris che è il Cristo Intimo di ognuno, di ogni persona che viene a questo mondo." Ritornano nel disegno il n° 3-7-9-18-19, tutti numeri molto particolari su diversi piani di studio.

http://www.vopus.org/it/gnosi/tarocco/tarocco-arcano-n-18-tarocchi.html
Tav. n° 05

Enneagrammi

L'enneagramma, antico mezzo di conoscenza di sè e di evoluzione spirituale, pare sia nato in Persia più di duemila anni fa, dove era usato come percorso iniziatico dai maestri Sufi. É uno strumento che aiuta a fare verità su se stessi: da una parte ci rende consapevoli della nostra unicità e dall'altra ci spinge a cogliere le similitudini che ci legano alle altre persone. Permette infatti di rendersi conto che ognuno di noi ha modelli di comportamento, tendenze selettive o filtri che lo condizionano, e che gran parte delle difficoltà umane sono causate dal fatto che siamo ciechi al modo di vedere degli altri.

L'enneagramma descrive nove diversi tipi di personalità e il rapporto tra loro. Se siamo in grado di riconoscere il tipo a cui apparteniamo, potremo affrontare meglio i nostri problemi, oltre che conoscere meglio i nostri familiari, amici e colleghi. Ma oltre alla descrizione delle varie caratteristiche umane, l'enneagramma conduce al cambiamento interiore. E' più di un'indagine psicologica per la conoscenza di sé: ci dà la possibilità di metterci a confronto col nostro io inconscio, invitandoci a prenderne   coscienza.

I 9 tipi dell'enneagramma si raggruppano in 3 diversi centri: viscere, cuore e testa

Tav. n° 06

Nella parte centrale è presente la legge del ternario, palesata dai tre cerchi che sottendono la parte conclusa. La legge del ternario è una delle basi della scienza esoterica. L'uomo realizza la Divinità solo attraverso il proprio essere (relativo e finito), da qui la differenza fra le religioni: 1) Dio visto attraverso il caleidoscopio dei sensi e l'istinto (Panteismo). 2) Dio visto attraverso la ragione è duplice spirito + materia (dualismo di Zoroastro) 3) Dio visto attraverso il puro intelletto è triplice spirito + anima + corpo (culti trinitari dell'India Brahama+Visnu+Shiva e Cristianesimo Padre+Figlio+Spirito Santo) 4) Dio visto dalla volontà che tutto riassume è unico (monoteismo di Mosè) I principi essenziali sono contenuti nei primi 4 numeri perché addizionandoli e moltiplicandoli si ottengo tutti gli altri. 7 = 3+4 unione dell'uomo (3) con la divinità (4) 10= 1+2+3+4 decade sacra. 1= punto 2=linea 3=triangolo 4=piramide Questi numeri sono i principi primi delle realtà ad essi omogenee. Nasce così la teorizzazione del sistema decimale. La parola COSMO è nata dai pitagorici perché: se il numero è ordine (kòsmos) e se tutto è determinato dal numero allora tutto è ordine. Con Pitagora l'uomo ha imparato a vedere il mondo con altri occhi ossia come l'ordine perfettamente penetrabile dalla ragione.

Tav. n° 07

Di fianco al grande cerchio sono presenti due tetraedri che presentano asse 0° e sono bloccati con dei braccetti. Queste forme ci riportano alla geometria della piramide collegate per la base o ai solidi Platonici e in particolar modo al simbolo dell'aria. I tetraedri rappresentano i due equinozi.

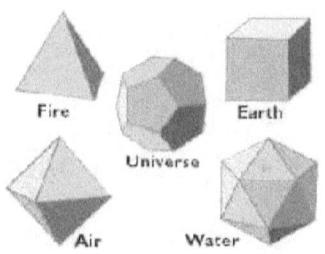

Tav. n° 08

Percorrendo l'asse Est-Ovest, verso l'esterno, ci sono due forme circolari che rappresentano il tropico del cancro e il tropico del capricorno.

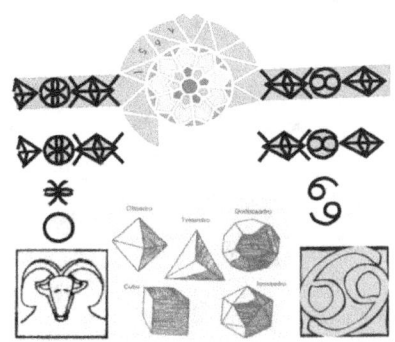

Tav. n° 09

Sono presenti altri due diamanti nella parte esterna del braccio Est-Ovest i quali non presentano braccetti laterali.

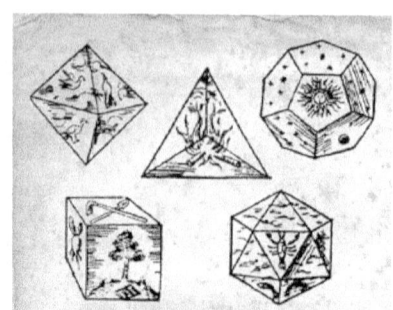

Tav. n° 10

Sinfonie del Cosmo (La Legge del Sette)

Non tutto nel mondo va verso il caos totale.
Altrimenti tutto sarebbe già diventato polvere e
particelle disperse. Esiste una legge di
organizzazione che contrasta il catabolismo della
Legge del Caos, una legge anabolica, che crea
ordine: la Legge del Sette.
In tutto l'Universo esiste quindi sempre lo stesso
ordine di cose, la stessa scadenza temporale, la
stessa sequenza operativa che si applica a
"cosa succede". Tutte le grandi tradizioni parlano in
qualche modo della Legge del Sette, attraverso
racconti, storie, simboli e immagini che
rappresentano sequenze. Alcuni esempi illuminanti
sono:

- le 7 note della scala musicale.

- i 7 giorni in cui fu creato il mondo

- i 7 giorni della settimana

- i 7 colori dell'arcobaleno

- i 7 chakra

- i 7 nani

- i 7 gruppi della Tavola Periodica

- i 7 cieli degli ordini angelici

- i 7 bracci del candelabro ebraico

La sequenza comprende una suddivisione in sette livelli o sette gradi o sette passi. Ogni livello rappresenta un diverso tipo di "vibrazione".

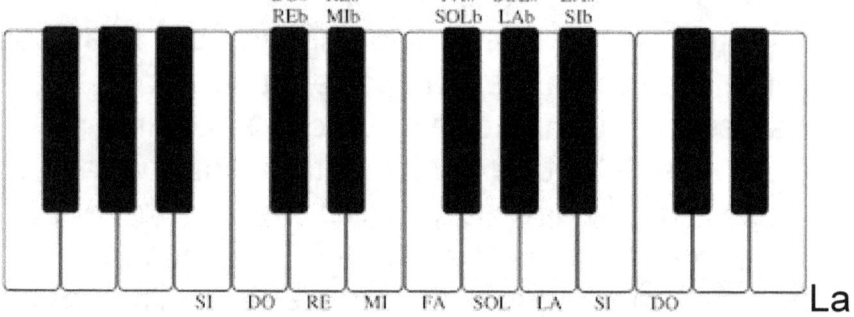

La Legge del Sette (o dell'Ottava) si può osservare chiaramente sulla scala musicale do, re, mi, fa, sol, la, si, do. Una sequenza di 7 note + 1 (dell'ottava successiva).
Un'ottava rappresenta un livello di vibrazione.
Un'ottava superiore rappresenta un livello di vibrazione superiore (diviso in sette sottolivelli) ed

un'ottava inferiore rappresenta un livello di vibrazione inferiore (diviso in sette sottolivelli).

- Se osserviamo le note su una tastiera possiamo vedere come le note do, re, mi creino una sequenza regolare (fase iniziale).

- Poi c'è un saltino, manca il tasto nero del semitono, non esiste il mi diesis o il fa bemolle. Manca qualcosa

- Poi inizia nuovamente una scaletta di note: fa, sol, la, si (fase intermedia). Leggermente più lunga dell'altra.

- Poi un altro saltino, manca di nuovo il tasto nero del semitono. Non esiste il si diesis o il do bemolle. Manca qualcosa.

- Poi un nuovo do di una nuova scala e via di seguito, per ottave ascendenti, ma anche discendenti.

Per superare questo saltino (questa barriera o interruzione) occorre fornire uno shock addizionale (occorre costruire un ponte), una scarica di energia in più che stimoli il meccanismo e lo porti avanti, altrimenti questo rallenta e si blocca. Ma ricordiamoci che questa è una legge meccanica, una legge naturale. Gli shock addizionali sono eventi meccanici, come una malattia improvvisa, un abbandono, un evento accidentale che agisce sul meccanismo portando ordine. Questa è una legge meccanica superiore, spiega come funziona il meccanismo di sequenza nell'Universo. Occorre comprendere questa legge per rimanere nel flusso e cavalcare l'onda come un surfista, seguire il ritmo, non contrastarlo, ma approfittare delle accelerazioni e degli stop. Altrimenti rischiamo il blocco ed il cambio di ottava, potremmo quindi scendere di ottava anzichè salire. Occorre quindi prestare particolare attenzione a questi punti di deviazione, a questi bivii che si presentano sul cammino ed essere pronti a fornire nuovi stimoli e nuova energia.

http://www.scienzasegreta.it/2008/12/sinfonie-del-cosmo-la-legge-dellottava.html
Tav. n° 11

Sussiste da Ovest ad Est un passaggio simbolico-spirituale che porta alla via dell'ascesi. Sono nove gli elementi che caratterizzano in percorso da A a B come per qualsiasi percorso di conoscenza superiore. Ci ricolleghiamo alla logica dell'enneagramma o della triplicità del triplo.

Tav. n° 12

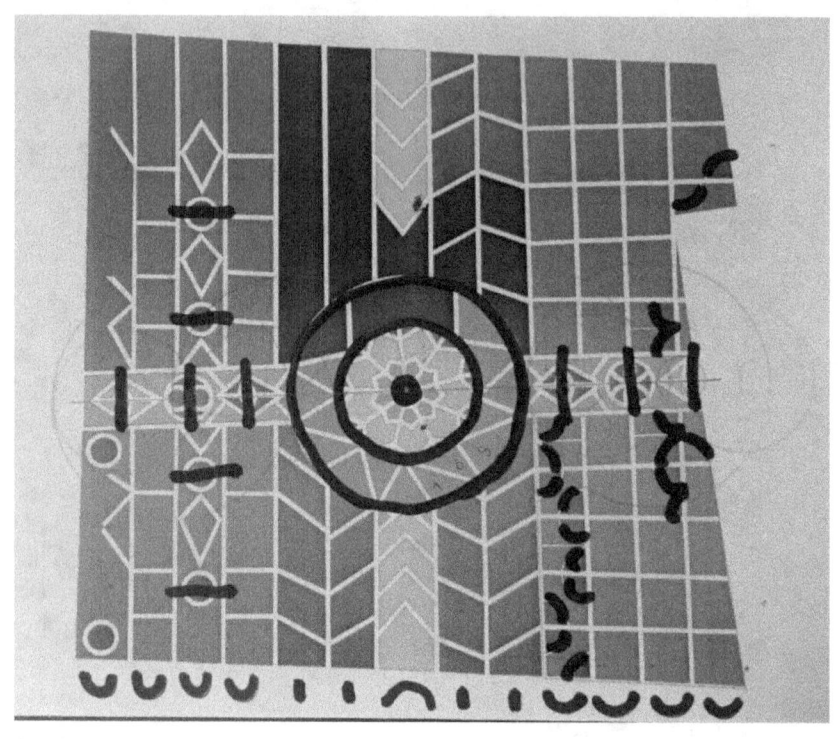

individuazione dei 12 e 13 assi, assi lunari ed assi solari. Convive la conoscenza luni solare. Otto nono gli assi con andamento ortogonale, quattro gli assi con andamento inclinato e uno centrale che coincide con le freccette convergenti.

Tav. n° 13

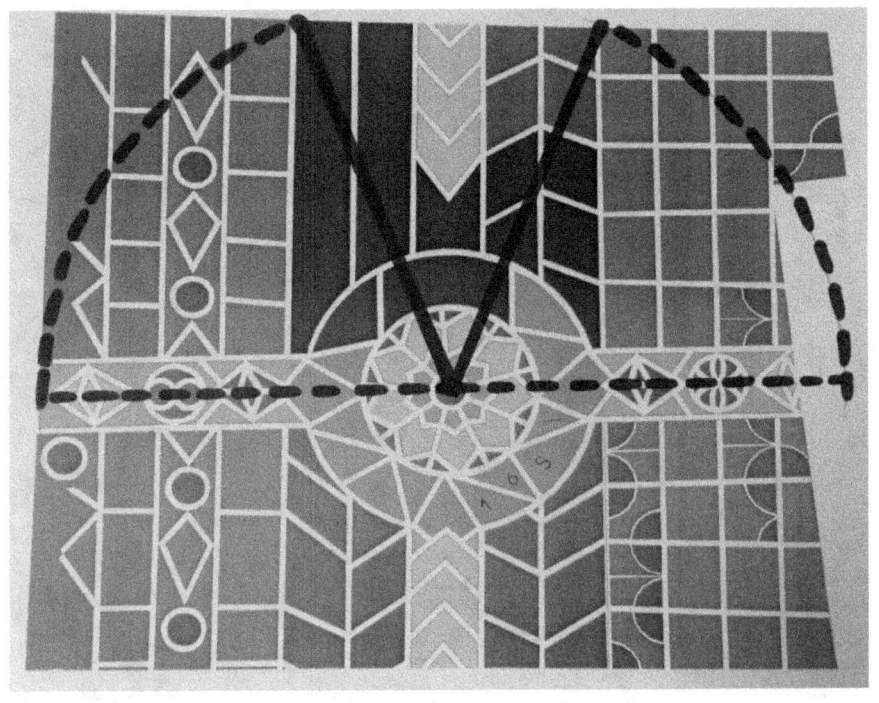

Proporzionamento del campo per mezzo del ribaltamento della diagonale ottenuta:

Puntando nella parte centrale, elemento misuratorio la fine della parte deformata, si ottiene una lunghezza che scaturisce dalla compenetrazione di due rettangoli particolari.

Tav. n° 14

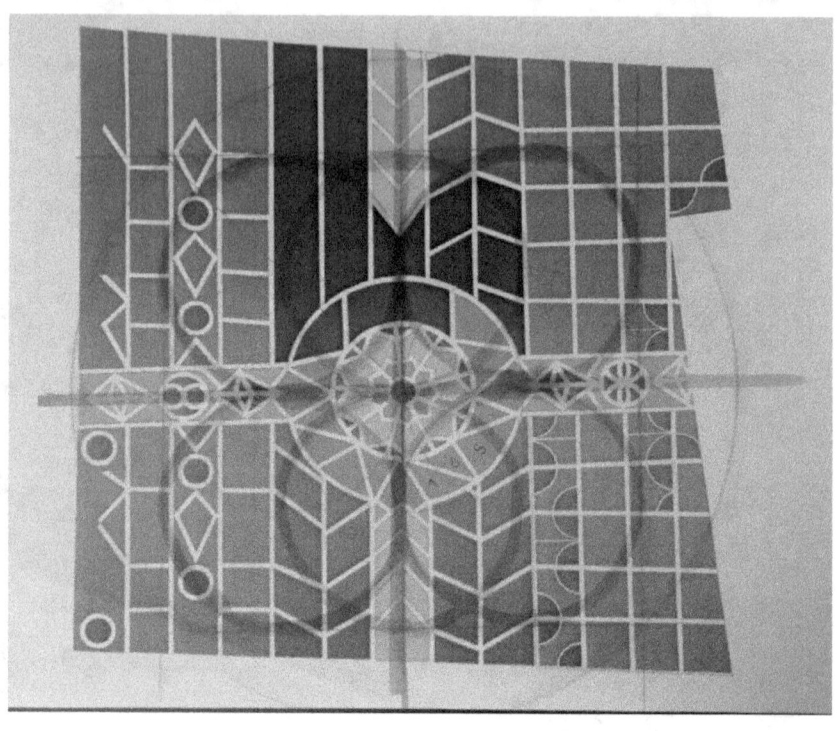

Proporzione geometrica del campo per mezzo di schema circolare.

Percorso geometrico Quadrato

Enneagramma-Santa Tetraktis in geometria
nascosta del quadrato.

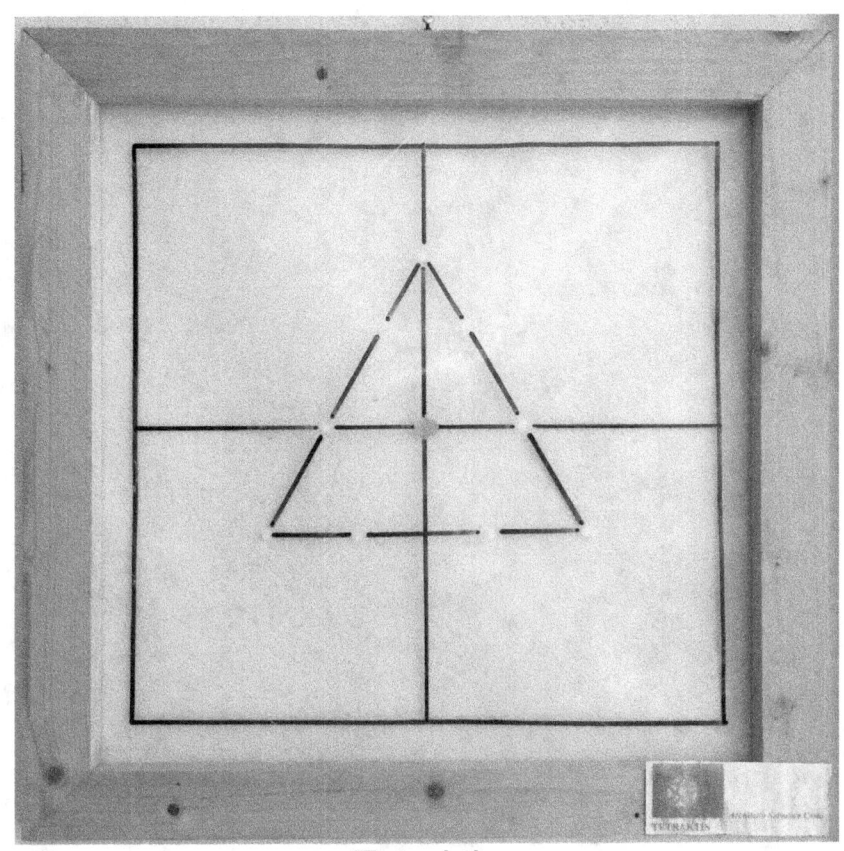

Tetraktis

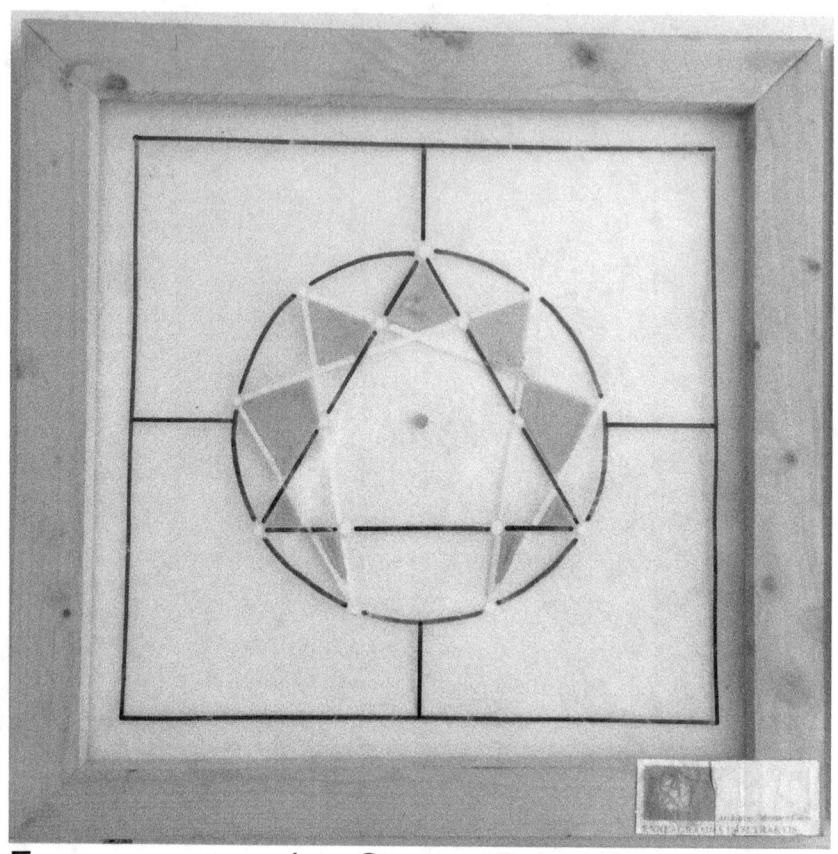

Enneagramma in Santa Tetraktis e Santa
Tetraktis in Enneagramma
Scoperta della unicità simbolica tra Oriente ed
Occidente, i due simboli vivono della stessa matrice
operativa, uno in forma chiusa ed uno in forma
aperta.

Frontespizio di Aritmologia (1665).

Athanasius Kircher (1602-1680) gesuita, filosofo e storico. La presente immagine rappresenta l'enneagramma che domina (in alto: l'occhio sacro, il triangolo divino, i nove cori degli angeli, i due putti con altri simboli; ed in basso: la conoscenza certa d'oriente e d'occidente). Kircher pubblicò circa quaranta opere nei campi degli studi orientali,

geologia e medicina, fu paragonato a R.G.
Boscovich e a L. da Vinci, fu onorato con il titolo di
—maestro in un centinaio d'Arti

LETTURA ESOTERICA DELLA PAVIMENTAZIONE

1) ACCEDIAMO NELLA PAVIMENTAZIONE SECONDO IL NORMALE INGRESSO CHE VENIVA UTILIZZATO DAGLI UTENTI.

2) CI TROVIAMO SU UNA GROSSA LACUNA (MANCANZA DI PAVIMENTO) PER POI ESSERE ATTIRATI NEL CENTRO DELLA COMPOSIZIONE.

3) DAL CENTRO OSSERVIAMO LO SVILUPPO DEI QUATTRO BRACCI E COME ELEMENTO GNOMONICO LA FIGURA A DICIOTTO LATI, I DUE ENNEAGRAMMI E IL TERZO ANELLO.

4) IN QUESTO LUOGO CI TROVIAMO ALL'INTERNO DI DIVERSE SFERE CHE CARATTERIZZANO LA CONOSCENZA SACERDOTALE.

5) CONCLUSI I CERCHI DI GEOMETRIA PERFETTA, CI SPOSTIAMO SUI PRIMI PUNTI D'ARIA O TETRAEDI AD ANGOLO 0°. A SEGUIRE VERSO L'ESTERNO LE DUE COLONNE J-B O I DUE TROPICI (CAPRICORNO E CANCRO). I DUE PUNTI CIRCOLARI POSSONO ESSERE DEFINITI COME PORTA DEGLI DEI E PORTA DEGLI UOMINI.

6) SULLA CROCE SOLSTIZIALE ANCORA SI INDIVIDUANO ALTRI DUE SIMBOLI D'ARIA, QUESTA VOLTA NON PRESENTANO I BRACCETTI LATERALI.

7) L'ASSE NORD-SUD È CARATTERIZZATO DA UN TRACCIATO A FRECCETTE CONVERGENTI VERSO IL CENTRO.

8) IL LASTRICATO È CARATTERIZZATO DA 13 ASSI, I CINQUE ASSI CENTRALI PRESENTANO UNA DEFORMAZIONE.

9) LA PARTE EST E LA PARTE OVEST PRESENTANO UNA SIMBOLOGIA DIVERSA.
NELLA PARTE OVEST SONO PRESENTI 19 ARCHETTI: NELLA PARTE EST SONO PRESENTI DEI CERCHI E DEI ROMBI.

10) LA PAVIMENTAZIONE RISULTA ESSERE UNO SPAZIO SACRO CRISTALLIZZATO E PULLULANTE DI TANTISSIMI SIMBOLI.

Pubblicazioni

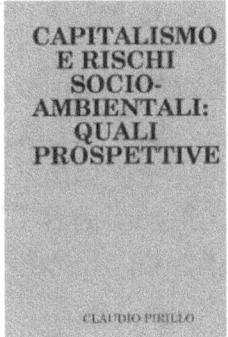

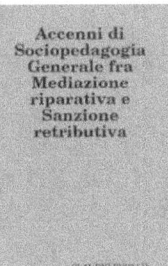

Indice delle fonti

- Dante Alighieri, Divina Commedia, a cura di G. Fallani e Silvio Zennaro, Roma, Newton, 1994.
- M. Battistini, Simboli nell'arte. Significato segreto dei dipinti, Milano, Mond. – Electa, 2003.
- Peter Kingsley, Nei luoghi oscuri della saggezza, Milano ed. Tropea 2001.
- Nuccio D'Anna, Il gioco cosmico. Tempo ed eternità nell'antica Grecia, Roma, Med., 2006.
- Gordon Moyer, Il calendario gregoriano. I motivi della riforma di papa Gregorio XIII, in «Le Scienze», edizione italiana di «Scientific American», n°167, luglio 1982, a. XV, vol.XXIX.
- Fulcanelli, Il mistero delle cattedrali, Roma , Edizioni Mediterranee, 1972.
- Platone, Timeo, in Tutte le opere, Roma, Newton, 1997.
- Plotino, Enneadi, a cura di Giovanni Reale, trad. di Roberto Radice, Milano, Mondadori, 2002.

- Plutarco, Il fato e La superstizione, Roma, Newton, 1993.
- Elémire Zolla, Archetipi, Venezia, Marsilio, 1994.
- Antonino Zichichi L'irresistibile fascino del tempo Il Saggiatore Mi - 2000
- Atlante illustrato di Filosofia Demetra S.r.l.- Genn. 1999
- Michele Frangipane L'avventura del calendario Sonzogno Edit. - 1999
- Eric Solomon Il Manuale dell'enneagramma Collana ABC - 2000
- Lyall Watson Oltre Supernatura Edizioni Mediterranee - 1986
- Joel C. Dobin Astrologia Cabalistica Edizioni Mediterranee - 1999
- Oswald Wirth Il simbolismo Astrologico Brancato editore
- Pierre Grimal Le Garzatine Mitologia Garzanti - 2000
- Enciclopedia dei Simboli Garzanti - 1991
- Massimo Centini L'esoterismo ed i suoi Simboli De Vecchi Editore - 2000
- John G. Bennet Studi Sull'enneagramma ATANOR
- Klausbernd Vollmar Il Segreto dell'Enneagramma Macro Edizioni - 1999

- Adriano Forgiane Scienza Mistica e Alchimia dei Edizioni Hera - 2003
- Geometria Sacra Mirando Lunay Macro edizioni - 2002
- Sole luna e terra Robin Heath Macro Edizioni - 2002
- Calendario Alfredo Cattabiani Arnoldo Mondadori - 2003
- Planetario Alfredo Cattabia Oscar saggi - Marzo 2001
- La sacra scienza R.A. Schwaller De Lubicz Ed. Mediterranee - 1994
- Giulio Aromolo   Luigi Giglio e la Riforma Abramo Catanzaro

- Giovan Francesco   Descrizione ed istorica Napoli - 1849

- Pugliese Narrazione delle origini e vicende politico economiche di Cirò

- Indro Montanelli , Dante ed il suo secolo, Novembre 1974   Rizzoli

- G. De Santillana, *Processo a Galileo*, Milano, Mondadori, 1960
- J. Reston, *Galileo*, Casale Monferrato, Piemme, 2001
- Giulio Aromolo, *Papi, astronomi, epatte. Luigi Giglio astronomo primus auctor della riforma*

114

gregoriana del calendario, Napoli, Istituto della stampa, 1963.

Ricostruzione virtuale della pavimentazione
Salvatore Costa Architetto, nasce a Cirò Marina (KR),1970.

Dal '94 al '96 ha svolto l'incarico di rappresentante degli studenti presso l'Amministrazione Regionale dell' E.D.I.S. Calabria (Ente per il Diritto allo Studio).

1995 ha partecipato al 2° Workshop Internazionale di Arch., Facoltà di Arch. R.C.

1997 ha conseguito la Laurea in Architettura presso la Facoltà di Architettura di R. C.

1999 abilitato " Arte ed Immagine", Pubblico Concorso del Ministero dell'Istruzione.

1999 Concorso Internazionale "un progetto per una Concert Hall in Sarajevo".

2000 ha partecipato al Master di specializzazione professionale in Restauro Arch.

2000 Corso di Spe. in Restauro dei Mosaici Antichi; Pitture Murali, Restauro Arch.

2001 Docenza nel cantiere scuola di Villa Petrosa, Palmi, incarico Ce.Re.Re.srl (ente uni.)

2003 ha conseguito la Laurea in Storia e conservazione dei Beni Arch. ed Amb., presso la Facolta' di Architettura dell'Università degli studi di Reggio Calabria, La Tesi riguardava: Lo studio del lastricato pavimentale che è ubicato all'interno del castello di Cirò

2007 abilitato per l'insegnamento ai diversamente abili a seguito del corso pluriennale presso l'Università degli studi di Firenze, corso Ssis 800 ore

2007 ha partecipato al Concorso Internazionale per l'idea di riqualificazione del fronte a mare per il Comune di Melissa 1° Premio ex-aequo

2008 abilitato all'Insegnamento di " Storia dell'Arte"

Pubblicazioni: L'architettura dello spazio pubblico, 1995

I LUOGHI DI ALEO , La Ruffa editore S.R.L.
anno   2005

Insieme un laboratorio per l'integrazione , Dir.
Scolastica Regionale della Toscana, 2005.

Il   ricamo   di   pietra.....   .....Ignorato,
2009

Premio   Siberene   2010:   Riconoscimenti
speciali nell'ambito del premio (Targa d'argento)
Salvatore Costa (per lo studio e la pubblicazione
in merito alla pavimentazione del castello di Cirò).

Il monumento misterioso   2012   ISBN
978-88-6651-052-9

Il Segreto dei Templi   2014   ISBN
978-1-291-45384-3

Insegna presso il Comprensivo di Montecatini
Terme, dal 2012 collaboratore Vicario del
Dirigente Scolastico.

CLAUDIO PIRILLO è nato nel 1957 a
CRUCOLI, Frazione TORRETTA (KR). Dopo
studi artistici, teologici e giuridici, si laurea a
ROMA
in:
• SCIENZE DELL'EDUCAZIONE E
DELLA FORMAZIONE

- PSICOLOGIA DELLE ORGANIZZAZIONI E DEI SERVIZI (LM-51);

Consegue, poi, i seguenti Masters in:

- CONSULENZA PEDAGOGICA,
- MEDIAZIONE FAMILIARE.

Appassionato di storia e delle antiche filosofi misteriche, ha pubblicato:

1. "Osservazioni ed Appunti sul concetto di Essere, Tempo e Humanitas" (Zedda Editore, Cagliari 2009)
2. "L'Eredità politico-spirituale di Roma: il Risorgimento" (I^ Ed. c/o Zedda Editore, Cagliari 2010 [I vol.]; II^ Ed. Lulu. Com, 2012);
3. "Capitalismo e Rischi socio ambientali: quali prospettive" (Lulu.com,2013);
4. "Miscellanea" (Lulu.com,2013);
5. "L'Antro delle Ninfe" (Lulu.com,2013);
6. "L'Eredità politico-spirituale di Roma: il Risorgimento" (Lulu.com,2014 [II vol.]);
7. "Accenni di socio - pedagogia generale fra mediazione ripartiva e sanzione retributiva" (Lulu.com,2014).
8. E' coautore, con Salvatore Costa, del libro "LA PIETRA, IL NOVE, IL TEMPO –

CALABRIA MISTERIOSA"- 9. "La morte dell'Aquila", 2016 (stress lavoro-correlato e burn out nelle Forze Armate e nelle Forze di Polizia)

Contributo letterario, nell'Anno 2013, al libro di Salvatore Costa "Il segreto dei Templi"; Nel 2012 presenta, a Cirò Marina, "Il monumento misterioso", libro di Salvatore Costa, nell'ambito della settimana della cultura, patrocinato dal Mibac, dalla Provincia di Crotone e dal Comune di Cirò Marina. Collabora, quale recensore e saggista alla Rivista di Studi Internazionale "Teatro e Cinema contemporaneo, fondata da Mario Verdone ed attualmente diretta da Gianfranco Bartalotta.
Intensa la sua attività convegnistica e formativa, quale Relatore anche in eventi organizzati da Enti Comunali, Professionali e dal Garante Regionale per l'Infanzia e l'Adolescenza dela Regione Calabria. Consegue ulteriori numerosi attestati di formazione psico-terapeutica, criminologica e di comunicazione informatica, accreditati presso Ordini Professionali italiani, Enti ed Associazioni riconosciute italiane, ECM ed Istituti di Istruzione anche stranieri (Goethe-Institut). Egualmente intensa la richiesta presenza nei media locali, per

interviste in materia di socioeconomia, antropologia culturale e storia. Ad aprile e giugno 2015 è co-titolare di due seminari di formazione presso l'Università della Calabria (UNICAL) di Cosenza.

Nel 2013 fonda, assumendone la presidenza, l'ASSOCIAZIONE SOCIO-PEDAGOGICA "SCUOLA PERMANENTE DI EDUCAZIONE E FORMAZIONE PER LA PREVENZIONE PRIMARIA DEL MALTRATTAMENTO ED ABUSO"- SPEF- organizzando una vasta attività formativa accreditata.

E' Presidente della Federazione provinciale ASSOCIAZIONE NAZIONALE VOLONTARI DI GUERRA, di Crotone.

Ha, unitamente ad altri studiosi, rilasciato un'intervista su PITAGORA ed il pitagorismo alla rivista giapponese NIKKEI KAIRO MAGAZINE, nell'estate 2015. E' CTU presso il Tribunale di Crotone.

www.ingramcontent.com/pod-product-compliance
Lightning Source LLC
Chambersburg PA
CBHW060410290526
45791CB00002B/692